통도사승가대학의 불교철학 강의

통도사승가대학의 불교철학 강의

서양철학 교수가 통도사에 간 까닭은?

홍창성 지음

운주사

강의에 들어가며

한국에서 나고 자랐으면서도 어쩌다 평생 영어로 미국 대학생들을 가르치며 살게 되었는지 좀 혼란스러울 때가 가끔 있었다. 몇 해 전 펴낸 졸저 『미네소타주립대학 불교철학 강의』도 서양철학 전공 교수인 내가 혼자서 공부한 불교를 미국 학생들에게 강의했던 경험을 소개한 책이다. 나는 언젠가 한국에서 불교적 소양이 풍부한 분들에게 한국어로 불교철학을 강의해 볼 기회를 가지고 싶었다. 그래서 영어로 된 책들을 독학해 얻은 나의 불교 이해가 그나마 제대로 된 것인지 확인해 보고 싶었다.

그런데 내게 그런 기회가 갑자기 너무도 찐하게 주어졌다. 해인사 승가대학 학장이셨던 종묵 스님을 통해 인연이 닿은 현 통도사승가대학 학장 인해 스님께서 내게 통도사의 학인스님들에게 10주 동안 강의할 기회를 만들어 주신 것이다. 1,400년 고찰인 불보종찰 통도사의 승가대학 학인스님들에게 내 불교철학을 한국어로 강의할 귀중한 기회를 얻게 되었으니, 더 이상 내 팔자에 대한 혼란스러운 느낌은 없게 되었다. 나중에 알게 되었지만, 인해 스님께서는 당시 스님의 포교당에서 내

『미네소타주립대학 불교철학 강의』를 교재로 신도들을 교육시키고 있었기 때문에 내게 선뜻 강의를 맡기신 것이었다. 고마운 인연이다.

통도사승가대학에서의 강의는 모두 열두 번에 걸쳐 이루어졌다. 코로나로 여행이 불가능했던 동안거 동안 이루어진 특강 둘은 각각 두 시간씩 온라인으로 진행했고, 나머지 열 번의 강의는 귀국해서 경남 양산 통도사에 머물면서 일주일에 한 번 두 시간씩 10주에 걸쳐 진행했다. 교재는 내가 지난 몇 해 동안 신문과 잡지 등에 발표했던 에세이들 가운데서 골랐다. 그렇게 한 이유는 나의 에고(ego)가 무진장 커서가 아니라 내가 가지고 있던 생각들이 일리가 있는지를 학인스님들과의 대화로 확인하고 싶어서였다. 다행히 스님들은 10주 동안 눈에 뜨일 정도의 거부감은 내비치지 않으셨다. 물론 워낙 예의바른 분들이어서 겉으로 드러내지 않았을 뿐일 수도 있다.

이 책은 강의의 기반이 되었던 기존의 내 글들을 스님들과의 대화를 바탕으로 다시 수정 및 보완한 에세이들로 되어 있다. 나는 강의를 시작하기에 앞서 철학공부에 있어서의 논리와 비판적 사고의 중요성을 보여주기 위해 스님들에게 먼저 「지적 부지런함과 게으름」을 읽으시도록 권유했는데, 이 책에서도 이 글을 가장 앞에 배치했다. 그리고 첫 번째 특강의 주제였던 무아無我를 순전히 서양철학적으로 접근하며 논의하는 세 편의 에세이가 그 뒤를 따른다. 이어서 두 번째 특강의 주제였던 선禪과 관련된 철학적 논의를 전개하는 에세이 둘을 수록했다.

그다음 열 개의 에세이는 통도사승가대학에 내려가 10주 동안 강의한 내용의 일부로 되어 있다. 매주 평균 두 개에 가까운 주제들을 다루었으니까 내가 강의한 내용의 반 정도가 이 책에 기록되어 있는 셈이다. 나는 학인스님들에게 철학의 학문적 성격을 소개해 드렸고, 나아가 불교철학이 다른 철학과는 달리 탁월한 부정否定의 방법론을 사용한다는 점을 설명했다. 그러면서 서양철학사에서 절대불변의 진리를 발견했다고 인정받는 데카르트의 철학도 그것을 넘어서 있는 불교적 관점에서는 미흡하다는 점을 논의했다.

이 책에는 강의시간에 소개했던 낯선 서양철학의 논의와 관련된 에세이를 넣지 않으려 했지만, 그래도 현대 형이상학의 논증을 이용한 무아와 연기緣起에 관련된 에세이는 각각 하나씩 실었다. 그리고 심리철학을 원용한 마음에 관련된 에세이도 둘 수록했다. 더하여 요즘 한국 불교계에서 많이 논의하고 있는 불교와 과학의 관계에 대한 글도 빼 놓지 않았다. 그리고 무엇보다도 중요한 깨달음과 열반 그리고 자비행에 관한 에세이와 우리가 지향하는 정토 세계에 대한 글 둘로 이 책의 논의를 마무리했다.

이 책이 나올 수 있도록 나와 통도사승가대학의 인연을 맺어

주신 종묵 스님과 인해 스님께 감사드린다. 또 좋은 질문과 코멘트로 책의 내용을 풍부하게 만들어준 여러 학인스님들이 계셨기에 이 책이 비로소 세상에 모습을 드러낼 수 있게 되었다는 점은 굳이 언급할 필요가 없겠다. 특히 정본 스님은 고맙게도 통도사와 승가대학 그리고 학인스님들 사진을 수십 장 찍어 보내주셨다. 한편 이 책에 수정·보완되어 수록된 글 중 일부는 원래 불교평론, 미디어붓다, 월간 불교문화, 그리고 법보신문에 발표되었던 것들이다. 처음에 에세이들을 받아준 홍사성 주간, 이학종 기자, 고영인 부장, 그리고 이재형 국장께 고마움을 전한다. 마지막으로 또 한 권의 출판을 기꺼이 맡아준 운주사 김시열 대표에게 다시금 감사의 말씀을 드린다.

언제나 나의 모든 원고를 거듭 읽어주며 조언을 아끼지 않는 나의 벗 유선경 교수에게 깊이 감사드린다.

2022년 11월 미국 미네소타에서
홍창성

제1장
지적 부지런함과 게으름

불가에서는 우리가 사람 몸 받아 태어나기 어렵고, 사람으로 태어나더라도 부처님 가르침 듣는 인연을 만나기는 정말 어렵다고들 한다. 해외에 거주하는 재가자로서 불보종찰 통도사 승가대학 학인스님들에게 내 불교철학 관련 글을 수개월 동안 강의할 기회를 얻은 나는 얼마나 복이 많은지 헤아리기 어렵다.

나는 모든 철학 강의를 논리학의 일부인 오류론誤謬論을 소개하면서 시작한다. 논리적으로 오류인 사고思考의 형태들을 가르치며 이러한 오류의 사고思考를 피하기만 한다면 학생들이 어떠한 생각을 하든지 고려해 준다는 이야기를 한다. 이것은 해서는 안 되는 것들만 피하면 다른 모든 것은 해도 된다는 미국식 사고방식과도 통한다. 나는 이런 방식을 철학에 적용하며, 넘어가면 아웃인 선을 미리 잘 그어놓고 그 안에서는 마음껏 자유를 만끽할 수 있다는 점을 학생들에게 인식시킨다. 그런데 통도사승가대학에서는 미국 대학의 정상적인 15주 학기보다 짧은 학기를 갖게 되었기 때문에, 시간적 제약으로 이 부분의 논의는 일부만 소개하고 나머지는 내가 몇 해 전에 써 놓은 다음의 글을 학인스님들이 자율적으로 읽도록 추천했다.

마녀사냥과 지적 게으름

서양 중세에 악명 높던 마녀재판이 있었다. 이때 피의자가 마녀인지를 가리고자 그를 강이나 호수에 던지고 관찰하곤 했다. 살아나오기 어려운 상황에서 물 위로 떠오르면 오직 마녀만이 그런 힘이 있다며 그를 화형에 처했다. 그러나 가라앉아 익사한다면 그가 마녀가 아님이 분명하니 이제 신의 구원을 받았다고 판결했다. 결국 일단 마녀로 의심받으면 살아남을 수 없는 어처구니없는 재판이었다. 생각하기를 거부하는 권위주의 종교재판부의 지적 게으름으로 많은 무고한 사람들이 목숨을 잃었다. 그런데 이런 마녀재판이 그친 지는 이제 겨우 300년이 좀 넘었을 뿐이다.

중세의 종교재판에서 물어졌을 법한 질문 하나를 해 보겠다. 재판장은 피고에게 '예 또는 아니요'로만 답하라고 윽박지른다. '너는 이제 신을 부정하기를 멈추었느냐? 그러냐, 아니냐?' 이 물음에 피고가 아니라고 답한다면 재판부는 '아직도 신을 부정하는 너는 화형에 처해 마땅하다.'라며 그를 처형할 것이다. 그러나 피고가 그렇다고 대답하면 재판부는 '늦게나마 다행이지만, 너는 과거에 신을 부정했었다고 인정했으니 그 죄는 불로써 정화해야 한다.'며 그를 화형에 처할 것이다. '예'라고 하건 '아니요'라고 하건 피고는 어차피 화형으로 죽게 되어 있다. 여기서 무엇이 잘못되었을까?

대학 교양과목인 일반논리학의 오류론에 의하면 위의 물음은 복수질문의 오류를 범하고 있다. 왜냐하면 두 개의 질문을 마치 하나인 것처럼 오도誤導하며 묻고 있기 때문이다. '너는 과거에 신을 부정한 적이 있느냐?'가 그 첫 질문이고, 이 답변에 '예'라고 답한 경우에만 물어져야 할 '그러면 지금은 그러기를 멈추었느냐?'가 그 둘째다. 그런데 '너는 이제 신을 부정하기를 멈추었느냐?'라는 물음은 이 두 질문을 마치 하나의 질문인 것처럼 묻고 있다. 그래서 '예'나 '아니요'의 답변에 상관없이 신을 부정했다고 인정할 수밖에 없게 만든다. 재판부가 피고를 유죄로 몰아 처형할 목적으로 고의로 이런 질문을 던지곤 했다.

이런 질문에 어떻게 대답해야 했을까? 부지런히 지적 훈련을 게을리 하지 않은 사람이라면 비록 재판부가 '예 또는 아니요'라고만 답하라고 윽박질러도 '한 번도 신을 부정한 적이 없습니다.'라고 답하며 목숨을 건졌을 것이다. 그러지 못해 그냥 '예' 또는 '아니요'라고만 답변했다면 화형을 당했겠고. 물론 중세에는 사람들이 교육 받을 기회가 적어서 위와 같이 '한 번도 신을 부정한 적이 없습니다.'라고 답변할 수 있을 사람은 많지 않았다. 그래서 많은 사람들이 무고하게 처형당했다.

현대에는 다행히 많은 사람들에게 교육의 기회가 주어져 있다. 나는 대학뿐 아니라 모든 고등학교에서 이런 오류론을 비롯한 비판적 사고법을 가르쳐야 한다고 생각한다. 부지런히 지적 훈련을 쌓아 나가야 삶과 세계에서 일어나기 마련인 여러 어려운 상황에서 잘못된 점을 정확히 잡아내며 올바르게 판단할 수 있겠기 때문이다. 지적·정신적 게으름이 몸을 덜 움직이는 게으름보다 더 나쁜 결과를 초래한다는 점에는 이론이 없을 것이다.

지적으로 부지런하다는 것

유태인이 학계에서 두각을 나타내 왔음은 잘 알려져 있다. 미국 대학에 재직해 오다 보니 나는 어딜 가나 유태인을 만나게 된다. 그런데 대학원생 시절 처음 이들을 접했을 때 실은 좀 실망했다. 기호논리학(수리논리학) 강의 조교를 하며 유태인 학생들을 가르칠 기회가 있었는데, 그들은 다른 백인 학생보다 나을 것이 없었다. 시험 고득점자의 대부분은 동아시아와 인도계 학생이었다. 그러나 나는 얼마 지나지 않아 유태인들이 언어 능력에서 다른 사람들보다 월등히 우수하다는 것을 알게 되었다. 끊임없이 대화하고 토론하며 서로 가르치고 배우는 유태인들의 전통적인 교육방식 덕에 그들은 언제 어디서나 누구와도 기회만 있으면 토론하고 논쟁한다. 지적으로는 누구에게나 도전하며 그 누구의 권위도 인정하지 않는다.

이들이 얼마나 논쟁을 좋아하는 사람들인가를 다음 이야기를 통해 살펴보자. '키 큰 랍비와 키 작은 랍비가 유태교 성전 토라 한 구절에 있는 신의 말씀에 대한 해석을 가지고 몇 날 며칠 동안 식음을 전폐하고 논쟁을 벌였다. 이들이 건강까지 해칠까 염려한 신이 찾아와 키 큰 랍비의 해석이 옳다고 살짝 말해주며 이제 그만 논쟁을 그치고 쉬라며 타일렀다. 그랬더니 키 작은 랍비가 '어, 이제는 2대 1이로군!'이라며 신과 키 큰 랍비 모두에게 다시 질문을 퍼부었다. 신과도 논쟁한다는 이 이야기는 그들이 지적으로 얼마나 공격적으로 훈련하는 사람들인가를 잘 보여준다.

최근에 만들어진 한 영화에서는 나치 수용소에 감금된 유태인들이 신을 피고로 법정에 세워 논쟁 끝에 신에게 유죄를 선고한다, 유태민족을 보호해 주겠다는 서약을 지키지 않았다는 죄목으로. 신마저도 죄인으로 만들어 버릴 정도로 그 어떤 권위에도 예외를 두지 않고 정열적으로 지적 훈련을 하는 사람들이다보니 언어를 사용하는 모든 분야에서 두각을 나타내지 않을 수 없다. 끊임없이 대화하고 토론하며 어떤 주제에 대해서도 논쟁을 꺼리지 않는다는 것은 지적으로 무척 부지런하다

는 말이다. 그래서 나는 유태인들이 지적으로 가장 부지런한 사람들이며, 이들의 지적 부지런함이 그들 성공의 밑거름이라고 본다.

불경의 많은 부분이 붓다와 제자들 또는 붓다와 외도와의 토론으로 이루어져 있고, 전통에 따라서는 깨침을 위해 붓다와 조사의 권위에도 도전할 수 있다고 보는 불교는 유태인들의 문화와 공통점이 많다. 미국에서는 여러 유태인들이 그들 종교의 이런 저런 면에 지쳤다고 생각할 때 그들 종교의 장점을 모두 가졌으면서도 더 자유롭고 풍부한 문화 전통을 가진 불교를 접해 매료되어 불교로 개종해 왔다. 실제로 몇 해 전 한 유태교 회당을 방문했을 때 불자인 나를 그들이 참으로 반겨주었고, 어떤 분은 자신의 아들이 스님이 되었다고 알려 주기도 했다. 또 그 회당의 랍비는 미국에서는 유태교가 불교도 포함한다는 농담까지 해 회당에 모인 400여 명의 유태인들을 웃기기도 했다. 불교는 유태교가 가진 장점을 모두 가지고 있으면서도 그들이 가진 문제점들로부터는 자유롭다. 불자들은 복도 많다.

우리의 지적·정신적 게으름

우리는 유태인들만큼 지적·정신적으로 부지런히 살아가는가? 별로 그렇지 못한 것 같다. 게으르도록 강요받으며 자라고 교육받고 또 일하기 때문이다. 나는 중고등학교 시절 교사들이 학생들의 질문에 답변이 궁색해지면 다른 꼬투리를 잡아 학생들을 구타하곤 했던 기억이 여럿 있다. 질문에 답해 보려는 지적 노력에 게으르고 감정 조절에 게으른 탓이었다. 수업 시간에 맞을까봐 질문을 못하는 학생들에게 어떻게 지적 훈련이 가능하겠는가. 머리를 쓰면 처벌받는 문화에서 어떻게 미래를 선도할 지성인들이 자라날 수 있겠는가. 교사가 말해주는 내용을 외워 사지선다 및 단답식 문제에 잘 답하면 우수한 학생으로 여겨졌다. 대학부터는 질문 때문에 구타당할 걱정은 안 했지만, 졸업 때까지 강의 시간에 열띤 토론이나 논쟁을 한 기억은 별로 없다. 강의 잘 받아 적고 외워서 시험 잘 치면 우수한 성적으로 과목을 이수할 수 있었다.

수리 능력 세계 최고의 한국인들의 사고력을 마비시킨 것은 맹목적 권위주의와 주입식 교육이다. 서양에는 존경은 (노력과 실천으로) 얻어져야지 (Respect should be earned) 강요될 수는 없다는 말이 있다. 두려움과 공포는 강요될 수 있지만 존경심은 결코 그렇게는 얻어질 수 없기 때문이다. 교육자들이 권위를 내세운다면 그 이유는 그들이 게을러서 그렇다. 철저히 그리고 섬세히 준비해서 잘 가르치고 토론으로 학생들을 깨우쳐 줄 만큼 부지런하지 못해서 그렇다. 정성껏 가르친다면 학생들로부터 존경과 애정을 받을 것이고, 그렇다면 권위를 내

세울 필요도 없다. 교육자들은 부지런해야 한다. 몇 해 전 한국의 어느 대학에서 강의 우수상을 받은 한 중진 교수는 자신이 상을 받게 해 준 그 강의를 위해 일주일에 열 시간이나 준비했다고 자랑하는 신문기사를 읽었다. 그런데 심리형이상학 세계 최고 권위자였던 미국 대학원 시절 나의 논문지도교수는 70대 중반일 때도 월요일 저녁 세미나 강의를 위해 최소한 토요일 일요일 이틀 이상을 읽고 쓰며 준비하셨다.

나는 한국에서 초등학교부터 대학원 석사과정까지 거의 20년 가까이 학교를 다녔는데, 단 한 번도 내가 쓴 글에 대해 수업담당자의 코멘트를 받아 본 적이 없다. 코멘트 없이 그냥 점수만 받고 논문만 통과되었다. 그러나 코멘트 없이 어떻게 글을 더 잘 쓰고 더 세련된 사고를 다듬어 나갈 수 있겠는가. 미국에서 나고 자란 우리 아이들은 초등학교 때부터 자신들이 쓴 글에 대해 담당 교사로부터 코멘트를 받았다. 뿐만 아니라 인터넷을 이용해 친구들과도 서로 끊임없이 코멘트를 주고받는다. 나와 아이들 엄마도 에세이 수정을 도와주었다. 그래서 우리 아이들은 모든 에세이를 친구 다섯과 부모의 코멘트를 받으며 하나씩 완성했다. 그러면서 더 세련된 문장을 쓰고 비판적 사고력도 길렀다.

물론 교사들도 세밀한 안내문으로 에세이 쓰는 요령을 가르치며 아이들의 에세이에 코멘트를 달아 주었다. 우리 아이들은 초등학교부터 시작해 대학교 또 대학원까지도 이렇게 끊임없이 코멘트를 받으며 그들의 글과 사고능력을 계발할 것이다. 생각만 해도 뿌듯하다. 반면에 한국에서 대학원 석사과정까지 마친 나는 미국 대학원 박사과정으로 유학을 오자마자 첫 과제물을 제출하기도 전에 미국 교수들이 외국 학생들 특히 아시아 학생들은 논문을 제대로 쓸 줄 모른다고 생각한다는 것을 알게 되었다. 기분 좋은 경험은 아니었지만, 그들이 옳았다. 한국에서 학교 다닌 거의 20년 가까이 한 번도 글쓰기 훈련을 받을 기회가 없었으니까.

한국의 교육 환경이 열악해서 그럴 수밖에 없다고 변명하지는 말자. 왜냐하면 한국의 교육자들에 대한 대우는 미국보다 상대적으로 더 좋기 때문이다. 예를 들어 1인당 GDP는 미국이 두 배 정도 많은데, 달러로 환산한 두 나라 교육자들의 급여 수준 등은 비슷하다. 그러나 미국 교육자들은 학생지도를 몇 배 더 많이 해 준다. 나도 내가 가르치는 모든 학생의 모든 에세이에 코멘트를 해 준다, 거의 모든 단락마다. 그래서 이런 교육자들로부터 훈련받은 미국인들은 실제로 사고력이 우수하다. 수학에 대한 기대 수준이 낮아 상대적으로 수리 능력이 떨어지고 암기를 하지 않는 탓에 상식 문제에는 답을 잘 못하지만, 평소 대화와 끊임없는 비판적 토론을 통해 쌓는 사고력 훈련 덕에 우리가 살면서 직면하는 여러 문제들에 대한 해결 능력은 우수하다. 현재 미국 인구가 3억 5천만 명 정도인데, 2차 대전이 끝난 후 75년이 넘은 지금까지도 미국이 세계 초강대국인 이유를 다른 데서 찾을 필요가 없다.

지적·정신적 게으름을 보여주는 몇 예들

내가 한국을 떠난 90년대 초반까지도 사람들은 만날 때마다 정치나 종교 이야기를 하면서 언성을 높이기도 하고 쉽게 편을 가르며 다투곤 했다. 그런데 미국에 와 보니 사교모임에서 특히 식사를 같이 할 때는 정치나 종교를 논의하지 않는다는 불문율이 있었다. 대화의 주제는 주로 식당이나 예술품 전시회, 영화나 연극처럼 '사소한' 것들이다. 서양인들은 정치와 종교는 그 속성상 견해가 일치하지 않을 경우 서로 감정을 많이 상할 가능성이 있기 때문에 사교모임 대화 주제로는 적합하지 않다고 판단한다. 그래서 일부러 그런 주제들을 피한다. 중요한 주제를 논의하기 꺼리는 게으른 사람들이어서가 아니다. 오히려 그들은 정치나 종교 같이 감정을 유발하기 쉬운 자극적인 주제들만 논의하는 사람들을 지적으로 게으른 사람들이라고 보곤 한다. 두 가지 예를 들어 이 점을 설명해 보겠다.

미국 대학 교수들은 정치학(political science) 전공 학생들이 여러 다른 전공 학생들과 비교할 때 지적으로 별로 성실하지 못하다고 여길 때가 있다고 말하곤 한다. 여러 전공생들이 함께 듣는 일반 교양과목을 가르치다 보면 이를 확인하게 된다. 정치는 큰 주제를 다루기 마련이고 사람들을 쉽게 흥분시킨다. 그래서 아무 준비가 안 된 학생이 어떤 이야기를 하더라도 스스로 근사하게 느끼는 경우가 허다하다. 그런 거창한 이야기(big talk)들이 좋아서 정치학을 전공하는 학생들도 있다. 그러나 진정한 지성은 큰 주제를 대충 거창하게 토론할 때 드러나는 것이 아니라 특정 주제를 깊이 섬세하게 파고들며 논의할 때 드러난다. 길거리에서 마주치는 그 어느 누구도 큰 주제에 대해서는 의견이 있지만, 지적으로 부지런히 훈련한 사람들만이 작은 특정 주제에 대해서도 심도 있는 논의를 할 수 있기 때문이다.

미국에는 교회에 열심히 나가는 사람들의 평균 IQ가 5점 정도 낮다는 통계가 나와 있다. 기독교인들에게는 참 불편한 진실이다. 나는 기독교 자체가 문제가 아니라 기독교를 가르치고 전하는 사람들이 잘못된 방식으로 일해서 그렇다고 생각한다. 기독교의 가르침을 지적으로 접근하지 않고 신앙과 신비적인 체험만을 강조하고 감성적인 면만 부각시키니까 교회를 통해 지성을 훈련할 기회가 적고 또 그러다 보니 지적으로 예민한 사람들이 교회를 떠나가게 되어 그럴 거다. 역사상 중세천여 년 이상 서양의 지성을 보존하고 또 대변해 오던 교회가 어쩌다가 이렇게 되었는지 모르겠다.

깨달음의 가르침을 표방하는 한국 불교계도 불자들의 평균 IQ가 일반인들 평균과 비교할 때 어떨지 한 번 조사해 보면 좋을 것 같다. 그래서 혹시, 미국 기독교 사회에 대해 위에서 비판한 바와 같이, 한국 불교가 붓다의 가르침을 지적으로 접근하기보다는 신심과 신비적인 체험만을 강조하고 있지 않나 살펴보아야 하겠다. 그리고 또 혹시 불교를 통한 수행으로는 지성을 훈련할 기회가 적고 또 그러다 보니 지적으로 예민한 사람들이 불교계를 떠나가고 있지는 않을까 생각해 보아야 한다.

정치와 종교는 우리 삶에 있어서 지극히 중요한 주제들이기 때문에 이런 문제들은 정성스런 마음으로 지적으로 예민한 수준에서 조심스럽게 다루어야 격한 감정 충돌 없이 생산적인 대화와 토론이 가능하다. 밑에서 구체적인 예들을 더 들어가며 이 논의를 계속해 보겠다.

비판적 사고(critical thinking)의 중요성

정치와 종교 지도자들이 사람들의 지적·정신적 게으름을 어떻게 이용해 왔는가를 살펴보며 우리 스스로의 나태함을 경계해 보자. 역사상 교회의 포교 목적상 다음과 같은 논리가 많이 사용되었다:

(갑) 성경은 신의 말씀을 기록한 책이야.

(을) 어째서?

(갑) 성경에 그렇게 쓰여 있어.

(을) 그렇게 쓰여 있다고 어떻게 다 믿어?

(갑) 성경은 신의 말씀을 기록한 책이야. 거짓이 없어.

주의를 기울이지 않으면 그럴 듯해 보이는 이 논리는 결국 성경은 신의 말씀을 기록한 책이기 때문에 성경은 신의 말씀을 기록한 책이라는 주장이다. 명백한 순환논법(circular argument)의 오류를 범하고 있다. 그런데 내가 가르친, 교회에 다니는 미국 대학생들 대부분이 이런 논증을 들어보았다고 했다.

이런 문제가 기독교에만 국한되는 것은 아니다. 불교의 경전들이 '나는 이와 같이 들었다(如是我聞)'로 시작한다고 해서 그 다음에 전개되는 내용이 온전히 붓다의 강의 그대로인 것으로 믿는 것은 선결문제요구(begging the question)의 오류에 해당된다. 정말로 붓다의 강의를 들은 대로 전한다는 것을 증명할 독립적인 근거가 따로 있어야 하기 때문이다. 수백 년 동안 구전되어 온 가르침을 후대에 문자로 기록한 것인데 '당신이라면 그것을 증명할 수 있겠느냐?'고 반문한다면, 그것은 논쟁에서 받아들여질 수 있는 답변이 아니다. 쓰인 글을 그대로 믿는 사람에게 그런 증명의 의무(burden of proof)가 있지, 그것에 의문을 제기하는 사람이 그것을 보여 줄 의무는 없기 때문이다.

정치가들은 의도적으로 논리적 오류를 사용하며 우리의 지적·정신적 게으름을 이용해 자신들의 이득을 챙겨 왔다. 우파는 '자본주의는 경제 분야에 있어서의 자유를 의미한다!'고 외치며 자본주의의 한 긍정적인 측면만을 부각시키며(강조accent의 오류) 쉽사리 흥분하는 대중의 감성에 호소한다(대중에의 호소appeal to people의 오류). 반면 좌파는 '사회주의는 경제 분야에 있어서의 평등을 추구한다!'라며 다른 문제점들은 언급 않고 평등만을 부각시키며(강조의 오류) 사람들의 감성을 자극한다(대중에의 호소의 오류).

예전에 한국 사회에서 흔히 썼던 '기득권과 민중'이라는 구분, 그리고 '강자와 약자'라는 대결 구도는 사회의 다양한 구성원들을 단 두 개의 범주로 나누어 버리는 성급한 일반화의 오류(hasty generalization)를 통해 대중의 감성에 호소하는 논리적 오류를 범하고 있다. 강자라고 다 나쁠 리 없고 또 약자라고 모두 선하지 않을 텐데, 이런 구호로 사람들을 감성적으로 자극해 자신들이 원하는 정치적 목적을 달성하려는 거다. 정치적 운동의 편의상 그럴 수밖에 없다고 변명하지 말라. '편의상'이라는 말은 결국 '게으르다'는 말이다. 동서고금을 막론하고 정치 지도자들은 이렇게 논리적 오류를 토대로 한 감성적 구호로 사람들에게 접근하는데, 우리는 그들에게 이용당하지 않도록 지적·정신적으로 경계를 늦추지 말아야 한다.

기업체들은 상품을 판매하기 위해 무수한 논리적 오류를 이용한다. 유명 영화배우가 사진 한 장 찍어 서류가방을 선전해 주면 그 가방이 날개 돋친 듯 팔리곤 하는데, 이것은 그릇된 권위에의 호소(appeal to the inappropriate authority)의 오류이다. 서류가방을 직접 들 일이 없을 그 유명 배우가 가방에 대해 도대체 무엇을 알겠는가. 그런데도 정신적으로 게을러 이런 판단을 안 하는 우리는 그가 선전하는 가방을 산다. 또 상류층 사람들이 루이비똥 가방을 산다는 식의 광고를 보고는 계층 상승의 기분을 잠시나마 맛보려고 덩달아 무리하게 돈을 모아 같은 가방을 사려고도 한다. 이것은 분위기에 휩싸이기 쉬운 대중의 심리를 이용하는 또 다른 종류의 대중에의 호소의 오류이다. 내가 한국을 떠난 90년대 초반까지도 한국의 지역갈등은 미국의 인종갈등보다도 더 심했다는 평을 들었다. 아무개는 어느 지역 출신이어서 어떻다는 선입견이 많은 사람들의 뇌리에 박혀 있었다. 논리학에서 이는 사람에 대한 논증(argument against the person)의 오류에 해당된다. 무라까미는 일본인이기 때문에 신뢰할 수 없다거나, 아론은 유태인이기 때문에 그의 의도는 탐욕에 기반하고 있다는 식의 판단이 그런 것들이다. 그 사람이 한 말의 진위眞僞를 그 자체로 판단하려 하지 않고 그의 출신배경이나 종교 또는 정치적 신념 따위로 그의 말을 재단하는 것을 논리학은 천 년 이상 동안 경고해 왔다. 저 사람은 남자여서 어떠어떠하고 또 저분은 여자여서 어떻다, 이분은 불자여서 어떻고 저 사람은 기독교인이어서 또 어떻다는 식의 판단들도 모두 사람에 대한 논증의 오류에 해당된다.

위에서 지적한 '강자와 약자'라는 단순한 대립 구도를 대중에게 밀어 붙이는 사람들은 사람에 대한 논증의 오류와 대중의 감정에 호소하는 오류를 모두 이용하고 있다. 한편 이 '약자'라는 말과 관련해서는 또 다른 오류도 포함되어 있다. 차분히 이치에 맞게 설득하려 하는 것이 아니라 동정과 연민의 정에 호소하며 논점을 흐리는 오류(appeal to pity)가 그것이다. 예를 들어 죄인이 재판정에 어린 자식들이나 병들고 늙은 부모를 데리고 나와 선처를 호소하는 식이 이런 오류에 해당된다. 정이 많은 분들에게는 믿기지 않겠지만, 서양 사람들은 이렇게 동정심이나 감성에 호소하여 이성적 관점을 흐리고 문제를 비켜가려는 태도를 거의 경멸한다. 서양인들이 재미있어 하는 일화를 하나 전하겠다. 부모를 도끼로 무참히 살해한 청년이 재판정에 서서는 '나는 이제 부모도 없는 불쌍한 고아이니 선처해 달라'고 호소했다는 웃지 못할 이야기가 그것이다. 서구인들이 감성에 호소하는 논점에 얼마나 거부감을 느끼는가를 대변해 주고 있다.

위에서 지적한 정치 종교적 구호의 대부분은 고의로 논리적 오류를 범하면서 우리의 정신적 게으름을 이용해 모두의 고뇌를 더 깊게만 하는 문제들이다. 이들 모두는 비판적 사고를 통해 다시 검토되어야 한다. 비판적 사고의 기본 법칙을 무시하면서 정치 종교와 같이 중요한 주제들을 다루는 것은 수학과 자연과학 및 공학을 무시하며 기계를 만들어 운영하겠다는 것과 같다. 이런 기계가 제대로 작동할 리 없고 오히려 오작동으로 우리를 해치게 될 것이다. 나는 모든 이들이 비판적 사고를 연마해야 한다고 생각한다. 그래서 모두에게 인터넷이나 서적 등을 통해 일반논리학 또는 비판적 사고 강의 교재의 오류론 부분을 한 번 읽어 보기를 권한다. 두세 시간이면 족한 분량이다. 그 한 번 읽은 경험이 우리 삶의 질과 방향을 달리 결정할 수도 있을 것이다. 오류론은 게을러지기 쉬운 우리들의 정신적 면역력을 강화시키고 또 유지시켜 준다.

어느 재가자의 55년 용맹정진

복이 많은 나는 미국 대학원 시절 심리형이상학 분야 세계 최고 권위자였던 한국 출신의 김재권 교수님을 논문지도교수로 모셨다. 모든 대화와 이메일을 당시 불편했던 영어로 주고받았지만 내가 쓴 그 어떤 글의 단 한 줄도 오해하지 않았던 유일한 교수였다. 명민하실 뿐 아니라 성의껏 읽어주셔서 그랬다. 그런데 몇 해 동안 가까이서 모시다 보니 교수님이 상상하기 어려울 정도로 오랫동안 '용맹정진勇猛精進'해 오신 것도 알게 되었다. 20대 중반부터 평생을 같이하신 사모님에 의하면, 교수님은 대학원생이던 20대 중반부터 80이 되어 은퇴할 때까지 거의 매일같이 초저녁에 잠자리에 들었다가 자정 무렵 일어나서 아침까지 쉬지 않고 연구에 몰두하셨다고 한다. 여름에 휴가지에 가서도 사모님이 주무시는 새벽마다 홀로 일어나 연구를 계속하셨다고 한다.

말씀 몇 마디만 나누어도 김재권 교수가 얼마나 맑은 정신의 소유자인지를 알게 되는데, 그런 정신으로 55년 동안 철학적 연구를 위해 용맹정진한 것이다. 어찌 보면 수십 년간 세계 최고 권위 철학자의 한 사람으로서 현대철학을 이끌어 오신 것이 그다지 놀라울 일이 아닌 것도 같다. 내가 대학원생 시절에도 환갑이 넘은 분이 토요일도 없이 언제나 아침 일찍부터 오후 늦게까지 연구실에 나와서 하루 종일 연구에 몰두하시는 것을 보았다. 그리고는 댁에 가서서 자정부터 다음날 아침까지 또 연구하셨다. 평생을 그렇게 하셨다. '경외敬畏'라는 표현이 부족하다. 타고난 맑은 정신만으로 그분의 학문이 완성되었을 것이라고 본다면 그것은 신비주의에서 나온 어리석은 판단이다. 지적·정신적으로 지극히 부지런히 살면서 55년 동안 용맹정진해서 그럴 수 있었던 것이다.

　이제 몇 가지 질문들을 제기하며 이번 논의를 마무리하겠다. 한국의 출재가 불자들은 지적·정신적으로 부지런한가? 그리고 현재의 불교는 우리를 지적·정신적으로 더 부지런하도록 도와주고 있는가? 한국을 떠나 외국에 산 지 31년째인 내가 쉽사리 대답할 수 없는 물음들이다. 어떤 답변이 가능할까 생각해 보다가 문득 스스로 불교에 애정이 깊다고 하신 김재권 교수님의 55년 철학적 용맹정진이 불가에서의 수행으로 치면 몇 년 정도에 해당될까 하는 물음이 생겼다. 궁금하다.

제2장

무아無我 ①: 영혼과 트랜스포터

불보종찰 통도사승가대학에서 10주 동안 진행될 불교철학 강의를 시작하기 몇 달 전이었다. 학장스님께서 그해 승가대학의 동안거 특강으로 내가 주제 둘을 잡아 강의를 진행하면 어떻겠냐고 제안해 오셨다. 전통적인 강원 문화를 간직하고 있는 그곳 승가대학의 학인스님들이 몇 달 후 서양철학의 관점으로 불교 교리를 논할 〈통도사승가대학의 불교철학 강의〉에 들어오려면, 그 다른 '맛'을 미리 보아 적응할 시간을 주면 좋겠다는 취지였다. 나는 이 제안을 흔쾌히 받아들였다. 다만 재직 중인 미국 대학이 당시 봄 학기 중이었고 또 코로나로 해외여행이 어려워 귀국하지는 못하고 온라인으로 특강을 진행했다.

시차가 많이 나서 특강이 시작된 한국 시각 오후 1시는 내게는 밤 10시였다. 밤이 늦어 집중력이 조금 떨어지기 시작할 때였지만, 그래도 학인스님들과의 만남에 설레서인지 맑은 정신 그대로였다. 내 노트북 컴퓨터 모니터로 수십 명 학인스님들이 엄숙한 태도와 경건한 자세로 앉아 있는 모습이 보였고, 스님들은 오버헤드 프로젝터로 내가 강의하는 모습과 파워포인트 슬라이드를 보았다. 그리고 함께 질의응답의 기회를 여러 번 가졌다.

다행스럽게도 학인스님들이 서양식으로 진행된 강의에 별로 어색함을 느끼지 않아 보여 좋았다. 젊은 스님들이 대다수였지만 간혹 중장년인 스님들도 보였는데, 모두들 진지하면서도 적극적으로 강의와 토론에 임했다. 나중에 내가 녹화한 강의를 인터넷에서 볼 수 있도록 만들어 놓았더니 강의에 참석하지 못했던 다른 스님들도 강의를 보아 주셨다. 내가 복이 많아서인지 전통 강원의 스님들에게 서양식 불교철학 강의를 하는데도 이렇게 고맙게 주목해 주었다. 나는 몇 해 전에 쓰고 이곳저곳에 발표하며 그 내용을 검증받은 '무아'에 관한 에세이를 토대로 다음과 같이 강의했다.

서구 문명과 그들 종교의 영향을 너무(?) 많이 받은 우리에게 이제 '영혼'이라는 말은 무척 친숙하다. 우리는 영혼이 우리가 항상 접하는 친숙한 어떤 것이라고 믿고 있다. 그래서 영혼의 존재를 당연한 것으로 여기기도 한다. 서구인들은 누군가가 영혼의 존재를 부정하거나 의심한다면 그를 도덕적으로 좋지 못한 사람으로 간주하곤 한다. 영혼이 없으니 '잃을 것이 없다'는 식으로 아무렇게나 살 것이라고 믿기 때문이다. 영혼에 대한 믿음이 서양종교의 본질을 구성해 왔음은 재론의 여지가 없고, 영혼의 개념에 대한 이해 없이는 서양 문화를 제대로 이해할 수 없다.

그러나 우리에게 이토록 친숙한 개념이라도 그것을 철학적으로 검토해 보면 영혼의 존재 자체에 대한 다소 당혹스런 의문점들이 드러나게 된다. 우리는 21세기에 살고 있고, 우리의 과학자들은 우리가 살고 있는 세계가 근본적으로 물질로 되어 있다고 가르치고 있다. 그래서 우리는 자연스럽게 영혼의 본성과 그 존재 방식에 대해 궁금해진다. 영혼이 있다면 완전히 비물질적인 존재일 텐데, 물리학이 가르쳐 주듯이 이렇게 철저히 물질로만 구성된 우주의 어디에 그리고 어떻게 영혼이 존재한단 말인가? 역사상 서구식 영혼의 개념이 없었던 동아시아 사람들에게 영혼은 종종 실재하기에는 너무도 아름다운 동화의 이야기처럼 들린다.

고대 그리스 이후 서구인들에게 영혼은 변치 않아 파괴되지 않고 영원히 존재하는 그 무엇이다. 그래서 영혼은 그것이 잠시 깃들어 지내는 몸과는 독립적으로 존재할 수 있다고 믿어져 왔다. 몸이란 변하고 파괴되어 결코 영원하지 못하지만 영혼은 그 정반대의 속성을 지녔으니까. 대부분의 서양 철학과 종교는 영혼을 이렇게 신비하고 멋진, 굉장한 어떤 것으로 가르쳐 왔다. 현재는 서구인뿐 아니라 상당수 한국인도 영혼이 이렇게 특별한 본성을 지니고 있다고 그냥 관성적으로 받아들인다. 나는 많은 이들이 비판적 사고 없이 영혼을 너무 특별하고 예외적인 존재로 여긴다고 본다. 그 이유는 우리가 영혼을 제외한 이 세계의 다른 어떤 것도 그토록 멋지고 굉장한 속성을 가지지 못한다고 믿고 있기 때문이다.

이 세계에 실재하는 것들 가운데 결코 변치 않아 파괴될 수 없는 것이 있는가? 근본적으로 물질로 되어 있는 이 세계에 실재하는 것으로서 변화와 파괴로부터 예외인 것은 없다. 실재하지만 파괴될 수 없는 것을 단 하나라도 생각해 내려 해 보자. 아무리 생각해도 이 세상에 그런 것은 없다. 그렇다면 실재하는 것 가운데 영원히 존재하는 것이 있는가? 우리의 모든 경험과 우리가 읽은 모든 책, 그리고 오랜 기간의 철저한 사색도 이 여러 물음에 단 하나의 긍정적인 답변도 해 줄 수 없다. 어느 누구도 파괴되지 않으며 변함없이 영원히 존재하는 어떤 것도 경험하지 못했다.

그런데 어찌된 영문인지 몰라도 사람들은 영혼이 물리세계의 모든 사실과 원리로부터 예외이며, 이 세상의 것이 아닌 듯 그토록 놀라운 속성을 지녔다고 믿게 되었다. 존재세계에서 영혼만을 이렇게 극히 예외적으로 간주하는 것은 철학적으로 심각한 문제를 야기할 수밖에 없다. 우리는 왜 영혼이 그토록 멋진 것이라고 믿고 있을까? 또 무엇이 영혼을 그처럼 특별한 것으로 만들까? 이 세상의 모든 다른 것들은 근처에도 못 미칠 정도로 신비한 속성을 가졌다는 이것을 어떤 경로로 믿게 되었을까? 실제로 우리는 파괴되지 않으며 변함없이 영원하다는 것이 과연 어떤 것일까에 대해 티끌만한 직관적 느낌이나 이해가 없다. 만약 우리 모두가 영혼을 가지고 있다면, 우리에게는 왜 또 어떻게 영혼에 대한 그 어떤 직접적인 이해가 없는 것일까?

영혼의 개념은 철학공부를 많이 하지 않고서는 파악하기 어려운 꽤 세련된 형이상학적 개념이다. 우리는 서구 종교의 사제들로부터 모두가 영혼을 가지고 있다고 수없이 들어왔다. 만약 그러지 않았다면 우리 존재의 본질을 부여하는 영혼이라는, 존재론적으로 너무도 예외적인 대상을 우리 모두가 각각 소유하고 있다고 믿게 되기는 극히 어려웠을 것이다. 이제 여기서 이 이슈에 관련해 문화적 상대성을 보여주는 이야기를 하나 들겠다. 중국인은 서구 종교와 철학에 그다지 친숙하지 않다. 그래서 중국에 가보면, 파괴되지 않고 변함없이 영원하다는 영혼의 개념을 갖고 있지 않은 10억 이상의 사람들을 접하게 된다. 영혼의 개념은 결코 우리에게 자연적으로 주어지지 않는다. 그것은 단지 반복된 학습에 의해 얻어졌을 뿐이다.

세계 주요 종교의 하나인 불교가 자아(self) 또는 영혼(soul)의 존재를 인정하지 않음은 대다수 서구인에게 충격이다. 이

것은 불교도들이 모두 이미 사탄에게 영혼을 비싼 값에 팔아 버려서 그런 것이 아니라 불교는 처음부터 자아나 영혼 같은 것이 존재하지 않는다고 판단하기 때문이다. 불교에서 '자아'라는 개념은 어떤 사람의 내적內的 본질, 즉 그 사람을 그 사람이게끔 해 주는 그의 어떤 부분을 의미한다. 인도 전통에서도 자아란 파괴되지 않고 변함없이 영원하다고 믿어져 왔다. 그런데 우리는 영혼이 어떤 사람을 그 사람이게끔 해 주는 무엇이라고 생각한다. 그리고 영혼은 파괴되지 않고 변함없이 영원하다고 믿어져 왔다. 영혼의 기능과 속성은 불교가 자아의 존재를 부정했을 때 자아의 개념으로 이해한 것들과 정확히 일치한다. 그래서 최근 서구학계는 불교에서의 자아의 개념이 실제로 서양 철학의 영혼의 개념과 동일하다고 본다.

나 또한 본 강의에서 자아와 영혼의 개념을 동일시하면서 논의를 진행하겠다. 이 강의는 불교의 무아론, 즉 자아 또는 영혼이 존재하지 않는다는 불교의 주장을 현대 분석철학으로 비추어 논의하는 것을 목표로 한다. 가장 영향력 있는 주류 서양철학에서 잘 알려지고 널리 받아들여지고 있는 논증들이 실제로는 서구인들에게 '급진적'으로 보일 불교의 무아론을 지지함을 목격하는 일은 무척 흥미진진할 것이다.

이제 현대 서양철학에서 많이 주목받는 사고실험(thought experiment)을 몇 개 같이 해 보자. 실제로 실험하는 것이 아니라 상상력을 이용하는 실험 상황이다. 이 재미난 시나리오들은 서구인과 일부 한국인의 생각과 다르게 그들이 실은 영혼의 존재를 믿지 않을지도 모른다고 보여주도록 고안되었다. 그래서 이 첫째 사고실험에는 보통사람들이 빠지기 쉬운 함정이 있다. 영혼의 존재에 대한 굳은 믿음이 있는 사람이라면 이 함정에 빠지지 않게 조심하여야 한다. 그러지 않으면 확고한 신념에도 불구하고 아무리 싫어도 실제로는 영혼을 믿지 않는다고 인정해야 할지도 모르기 때문이다. 그러나 물론 붓다의 무아론, 즉 불변의 자아 또는 불멸의 영혼이 존재하지 않는다는 가르침을 숙지하고 있는 불자들이라면 염려할 이유가 없겠다.

지금이 24세기이고 우주여행이 누구에게나 가능하다고 가정해 보자. 그리고 얼마 전 화성에 살고 있는 언니 또는 누이가 아들을 낳았다고 해 보자. 지구에 사는 나는 빨리 화성에 가서 조카를 보고 싶은 마음이 굴뚝같다. 이 미래 세계에 사람들이 많이 이용하는 교통수단이 두 가지 있다. 하나는 전통적으로 사용되어 온 로켓이고, 다른 하나는 최근에 개발된 첨단의 트랜스포터(transporter)이다. 로켓 요금은 왕복 최소 1억 원으로 무척 비싸고, 화성까지 도달하는 데 한 달이나 걸린다. 돌아오는 데도 물론 한 달이 걸린다. 오랫동안 이용되어 온 이 교통수단은 돈도 시간도 많이 든다. 더욱이 왕복으로 두 달이나 작은 공간에 갇혀 지내야 된다는 문제도 있다. 일반석 티켓을 살 경우 사정은 더 어렵다.

이에 비해 새 트랜스포터 시스템을 운영하는 회사는 왕복 요금으로 단지 백만 원만 받으며 승객이 화성까지 가는 데 불과 몇 분밖에 걸리지 않는다. 이 회사는 최첨단의 기기들을 언제나 철저히 점검하고 운영한다. 트랜스포터는 여러분의 몸을 분자 하나하나까지 철저히 스캔(scan)해서 몸의 구조에 관한 모든 정보를 화성에 전파로 송신한다. 그러면 관련 법규에 따라 지구에 있는 여러분의 몸은 즉시 분자형태로 분해되고 흩어져 없어지게 된다. 이 과정에서 여러분은 통증은 물론 아무런 의식도 없어서 이것이 결코 악몽 같은 것으로 기억에 남는 일은 없다. 한편 화성에서는 잘 훈련된 운영 요원들이 수신된 정보로 화성에 있는 물질들을 이용해 여러분의 몸을 분자 하나하나까지 원래의 몸과 동일하게 재구성한다. 이 과정 또한 순간적으로 완성되는 것이어서 여러분은 아무것도 느끼지 못하게 된다.*

---

* 이 재미있는 사고실험은 원래 Derek Parfit의 *Reasons and Persons* (Oxford University Press, 1984)에서 제시되었다. 그러나 본고에서는 그 내용을 변화시켜 다소 다른 목적을 위해 이 사고실험을 이용한다. TV 공상과학 시리즈로 유명한 *Star Trek*에서도 유사한 트랜스포터가 등장하는데, 이 시리즈의 트랜스포터에서는 몸이 에너지의 형태로 전환된

여러분의 몸은 지구에 있던 것과 완벽히 동일하게 재구성된다. 물론 똑같이 생겼고, 여러분 스스로를 같은 사람이라고 느끼며 동일한 심적 상태를 갖게 된다, 같은 기억과 같은 감정, 같은 기질 등등. 다시 말해 스스로에 대해 아무런 차이점을 느낄 수 없고, 다른 사람들도 화성에서 재구성된 여러분에 대해 아무런 다른 점도 발견하지 못한다. 자, 이제 질문을 하겠다. 여러분이라면 로켓과 트랜스포터 가운데 어느 것을 선택하겠는가?

서양에서도 대부분의 사람들은 로켓보다는 빠르고 저렴한 첨단의 트랜스포터를 택한다. 내가 이 질문을 승가대학의 학인스님들에게 했을 때 스님들의 절대다수가 트랜스포터를 원했다. 로켓은 너무 비싸고 느리며, 또 그렇게 좁은 공간에서 지내는 몇 달은 멀미를 하지 않더라도 결코 유쾌하지 않다. 트랜스포터 사고가 있지만 그 사고율은 로켓의 사고율보다 낮다. 지난 십여 년 동안 수백 명의 내 미국 학생들에게 둘 중 무엇을 택하겠냐는 질문을 해 왔는데, 언제나 3/4 이상의 학생들이 트랜스포터 시스템을 선택했다. 실은 이것이 내가 놓은 덫이

뒤 에너지의 줄기로 다른 곳으로 보내져 그곳에서 다시 물질로 바뀌어 몸이 형성된다. Parfit과 필자의 사고실험은 이와는 다른 시스템으로 되어 있다.

었다. 3/4 이상의 학생들이 모두 이 덫에 걸렸다. 비록 함정에 빠지지 말라고 경고했지만 내가 학생들에게 말하지 않은 것은 트랜스포터 시스템의 스캐너(scanner)가 영혼을 스캔해서 그에 관한 정보를 수집할 수 없고 또 화성에 있는 기계도 몸은 재구성해도 영혼을 재생할 수는 없다는 점이다.

대다수의 서구인들이 믿듯이 영혼이 존재한다면 오직 신(God)만이 영혼을 창조하거나 파괴할 수 있다. 기계는 영혼을 창조도 파괴도 할 수 없다. 그래서 지구의 트랜스포터에서 몸이 분해되어 없어질 때 영혼은 안주할 몸이 사라져 홀로 떠돌게 될 것이다. 화성에서 기계에 의해 몸이 재구성될 때 기계는 그 몸에 들어갈 영혼을 재창조할 수 없기 때문에 그 몸은 영혼을 가질 수 없다. 그러나 우리는 질적으로 동일한 두뇌와 몸을 가져서 마음도 당연히 같을 것이라고 믿어, 사람들은 이런 트랜스포터 서비스에 만족하는 것 같다. 몸과 마음이 같다면 무엇이 문제이겠는가. 내 미국 학생 거의 모두가 영혼의 존재를 믿는 기독교인이었지만, 그들 중 대다수가 영혼을 잃게 되는 트랜스포터 시스템을 선택했다. 이 사고실험이 현대에 살고 있는 사람들이 그 마음속 깊숙이는 실제로 영혼의 존재를 믿지 않을지도 모른다는 점을 암시하는 것은 아닐까.

위에서 논의한 바와 같이, 영혼은 대부분의 우리가 이해하고 받아들이기에는 너무 세련되고 어려운 개념이다. 물론 사제들로부터 영혼이 있다고 수백만 번 귀가 따갑게 들어 우리가 세뇌(?)되지 않았다면 그렇다는 것이다. 교통수단 선택과 그것이 함축하는 형이상학적 의미가 많은 이들에게 당황스러울 수도 있겠다. 그러나 그렇다고 해서 이 사고실험을 편리하게 잊어버리면 안 된다. 한 번 생각해 보자. 이 시나리오가 우리에게 진지한 철학적 사색을 요구하고 있지 않은가. 어쩌면 정말 영혼이 존재하지 않거나, 아니면 최소한 우리가 실제로는 영혼의 존재를 믿지 않고 있는지도 모른다.

여기까지 강의했을 때 적멸 스님이 질문했다.

"트랜스포터에서 몸이 파괴될 때 영혼도 파괴되지 않습니까?"

이 질문은 내가 지난 십여 년 동안 미국 대학생들에게 강의했을 때는 한 번도 받아본 적이 없는데, 역시 스님들은 우리의 존재방식에 대해 기독교인들과 다른 관점을 가지고 있다.

"좋은 질문입니다. 만약 영혼을 우리의 의식상태 같은 것으로 이해하고 또 의식상태가 몸, 특히 뇌의 작용에 의해 존재한다면 몸이 파괴될 때 의식과 영혼 또한 파괴되겠지요. 그런데 서구인들은 생각이 다릅니다. 기독교의 영혼불멸설을 믿는 그들은 영혼이 뇌의 작용과는 독립적으로 존재하며 영원히 불변불멸한다고 믿습니다. 따라서 기계에 의해 몸이 파괴되더라도 영혼은 멀쩡히 존재합니다. 기계 또는 사람은 영혼을 파괴할 수 없습니다. 오직 그들의 신만이 영혼을 말살할 수 있다고 합니다."

현대의 과학기술에 상상력을 조금 더한 이 사고실험 하나를 통해 보더라도 우리는 자연스럽게, 처음부터 자아와 영혼의 존재를 믿지 않는 불자들뿐만 아니라 영혼을 믿는 이웃종교의 신자들도 실은 평소 영혼의 존재를 믿지 않고 살고 있을지도 모른다는 의문을 품게 된다.

제3장 /

무아無我 ②:
영혼의 역사와 안드로이드 바이든 대통령

우리는 서양에서도 전통적으로 영혼의 존재를 부정하는 것으로 보이는 많은 사유의 흔적들을 찾을 수 있다. 영혼의 개념이 역사상 어떻게 변화해 왔는가를 살펴보면, 파괴되지 않으며 변치 않고 영원한 존재로서의 영혼이 언제나 모든 서구인들에게 받아들여져 온 것은 아니라는 점을 쉽게 볼 수 있다.

고대 그리스어에서 'psyche'는 영혼을 의미했다. 'psyche'는 심적 현상에 대한 연구 분야에 관련된 많은 영어 단어의 어원이다. 예를 들어, 심리학(psychology), 정신의학(psychiatry), 정신병리학(psychopathology) 등이 있다. 그런데 'psyche'는 원래 '생명의 숨결'을 의미했다. 그리스어에서 'psyche'는 '프-쉬-케'라고 읽힌다. 짐작컨대 이 단어는 사람들이 숨을 거둘 때 내던 소리를 기술한 의성어擬聲語일 것이다. 사람들은 세상을 떠나며 마지막 숨을 내쉴 때 종종 이런 소리를 낸다. 사람의 마지막 숨결이 떠나면 그 몸에는 더 이상 생명이 남아 있지 않다. 그래서 옛 사람들은 마지막 숨결이 그때까지 그 사람의 생명을 지탱해 주던 바로 그 어떤 것이라고 생각했는지도 모른다.*

이렇게 '생명의 숨결'을 의미하던 말이 여러 세기가 지나면서 파괴될 수 없고 변치 않으며 영원하면서 신성하고 아름다운 '영혼'이라는, 무척 다른 것을 의미하게 된 것이 흥미롭다. 고대 그리스의 피타고라스학파 사람들은 영혼의 윤회를 믿었다.** 소크라테스와 플라톤은 이들로부터 영향 받아 영혼이 파괴되지 않고 변치 않으며 아름답고 경이로운 속성들을 가지고 있다고 주장했다. 'psyche'는 이들 이전 호머의 『일리아드』와 『오디세이』의 시대에는 '(생명의) 숨결'을 의미했는데, 몇 세기가 지난 후에는 위대한 철학자들의 섬세한 상상력과 논증을 통해 그토록 멋진 존재를 의미하게끔 되었다. 이와 같이 고대 그리스에서 'psyche'라는 말의 의미는 극적인 변화를 겪었다.

영혼은 우리의 정신 현상을 주관하는 어떤 것으로 종종 생각되어 왔다. 기원전 5세기에 살았던 소크라테스와 플라톤의 영혼에 관한 견해는, 그들의 윤회론을 제외하면 기독교의 영혼불멸설과 일맥상통하여 불멸의 영혼에 대한 믿음은 서구인들의 사고체계를 수천 년간 지배했다. 그래서 데카르트가 출현

---

* 한국어와 중국어 같은 동아시아 언어에서는 조상을 지칭할 때 그들의 숨결과 관련된 단어들을 많이 쓴다. '조상의 숨결'같은 표현이 그렇다.
** 일부 학자들은 이들의 영혼윤회설이 인도 종교와 철학으로부터 영향 받았다고 생각한다.

하는 17세기에 이르러서야 영혼의 개념에 작은 변화가 일어나기 시작한다. 데카르트는 그의 『성찰(Meditations)』에서 '마음'과 '영혼'의 두 단어를 서로 바꾸어가며 사용했다. 영혼과 마음이 동일하다고 생각했기 때문일 것이다. 데카르트에 있어서 마음은 생각하는 실체다. 마음의 본질은 생각함이고, 생각하지 않는 것은 마음이 아니다. 데카르트에 이르러 영혼의 본성에 대한 초점이 '파괴되지 않으며 변치 않고 불멸'이라는 속성들로부터 '생각함'이라는 본질로 옮겨갔다.

데카르트의 철학에서 마음은 아직도 실체實體로서 두뇌를 포함한 몸으로부터 독립해서 스스로 존재한다. 그러나 이렇게 독립적으로 존재하는 마음에 대한 견해를 21세기에 사는 우리가 쉽게 받아들여 소화하기는 어렵다. 19세기와 20세기 이래 두뇌의 구조와 기능방식에 대해 점점 더 많은 정보와 지식을 얻게 되면서, '마음'의 개념이 지속적으로 진화를 거듭해 마음은 마침내 두뇌가 제대로 기능할 때 그 표면에서 생겨나는 의식 또는 의식의 흐름으로 이해되기 시작했다. 의식 또는 의식의 흐름으로 이해된 마음은 그것의 물리적 기반인 두뇌와 그 기능 없이는 존재할 수 없다. 우리 대부분은 이제 마음이 몸(두뇌)에 그 존재를 의존한다고 믿는다. 우리가 영혼을 서술하기 위해 사용했던 그 멋진 형용사들—파괴되지 않고 변함없으며 영원히 아름답고 신성하다는—은 더 이상 마음 또는 의식을 기술하

는 데 적용될 수 없다.

우리는 위에서 영혼의 개념이 극적인 변화를 거치며 거듭해서 철저히 변형되어 왔음을 살펴보았다. 영혼의 개념이 겪은 흥미진진한 여행 이야기는 다음과 같이 요약될 수 있겠다: (생명의) 숨결 → (영원토록 무수히 다른 삶을 윤회하는) 영혼 → (기독교의) 불변불멸의 영원한 영혼 → (스스로 독립해서 존재하는 실체로서의) 마음 → (두뇌와 그 기능에 존재를 의존하는) 의식 또는 의식의 흐름. 현재 서구사회가 받아들이는 파괴되지 않으며 변함없이 영원한 존재로서의 영혼의 개념은 'psyche'라는 말의 의미가 변형되어 온 역사의 단지 세 번째 단계에만 해당된다.

이제 역사 이야기는 이 정도 했으면 충분하다. 지금은 내가 영혼 개념이 겪은 역사상의 변화에 주목하게 한 이유를 물어야 할 때다. 영혼의 본성을 이해하기 위해 우리는 왜 'psyche'의 의미에 있어서 다른 단계들은 안 되고 오직 둘째 내지 셋째 단계의 의미만을 받아들여야 하는가? 왜 고대 그리스의 두 철학자들—소크라테스와 플라톤—과 기독교의 견해만 받아들여야 되고, 그보다 단순하고 군더더기 없는 '솔직한' 삶을 살았던 그 이전 고대의 견해나 우리 시대 가장 명민한 지성들인 신경과학자들의 견해를 받아들여서는 안 되는가? 이들을 모두 고려하면 개인의 본질을 구성하며 그에게 동일성을 부여한다는 불멸의 존재로서의 영혼은 'psyche'라는 단어를 이해하기 위해 가능한 여러 해석의 하나일 뿐이라고 믿지 않을 수 없다.

기분전환과 더 진전된 논의를 위해 사고실험을 하나 더 소개하겠다. 이 시나리오는 우리가 잘 알고 있는 공상과학 이야기로부터 왔다. 일군의 과학자들이 미국의 바이든 대통령을 복제한 안드로이드를 만들었다고 가정해 보자. 이 안드로이드는 실리콘을 물질적 토대로 만들어진 기계지만, 그 몸의 모든 부분 하나하나는 바이든의 유기질 몸의 부분과 상응하면서 각각의 실리콘 부품이 바이든의 상응하는 몸의 부분과 정확히 동일한 기능을 수행하도록 만들어졌다. 이 안드로이드는 바이든과 똑같이 생겼고 그와 같이 말하고 걸어 다닌다. 이것은 물론 형이상학적으로 가능한 시나리오다. 그러나 이 안드로이드가 영혼이 없다는 점 또한 분명하다. 영혼이란, 그것이 존재한다고 해도, 과학자들이 실험실에서 만들어 안드로이드의 몸속에 설치할 수 있는 것이 아니다. 그렇다고 해서 영혼이 실리콘으로 만들어진 안드로이드의 '두뇌'로부터 자연적으로 탄생하는 것 또한 아니다.

그러면 이제 바이든이 작은 사고를 당해 그의 손가락 하나의 아주 작은 끝을 잃게 되는 상황을 상상해 보자. 영화 스타워즈(Star Wars)의 한 장면처럼 의사들은 그가 잃은 손가락 끝부분과 완전히 동일한 인과적 기능을 수행하는 실리콘으로 만든 물질로 그 부분을 대체한다. 바이든은 이 새로 대체된 부분에 전적으로 만족하며 그 부분은 그가 잃은 예전의 손가락 부분이 하던 일을 모두 제대로 해 낸다. 바이든을 비롯해 누구도 차이를 발견하지 못한다. 이 시나리오 또한 형이상학적으로 충분히 가능하다. 그러나 불행히도 바이든은 그의 몸의 부분을 조금씩 계속 잃어가고 그때마다 의사들은 동일한 기능을 수행하는 실리콘으로 만들어진 부품으로 그 잃은 부분을 즉시 교체한다. 바이든은 몸의 부분을 한 번에 아주 조금씩만 잃고 또 항상 잃는 것이 아니라 어쩌다가 한 번씩만 잃으며, 그는 교체된 몸의 부분들에 대해 아무런 차이도 못 느낀다. 그리고 그는 오랜 기간 동안 그의 일상을 아무런 문제없이 잘 처리해 나간다.

이렇게 20년 동안 바이든의 실리콘화가 어떤 이의 눈에도 띄지 않고 철저히 그리고 완벽히 진행되었다고 가정하자. 두 뇌의 모든 세포를 포함해 그의 몸의 모든 부분이 실리콘으로 된 물질로 교체되었다. 바이든은 여전히 일상의 기능을 똑같이 잘 수행하고, 우리는 그가 같은 사람이라고 −같은 영혼을 가졌다고− 믿는다. 그렇지만 20년이 지난 후 그의 몸에 탄소로 된 유기물 세포는 단 하나도 남아 있지 않다. 그의 몸은 구석구석 모두 기계 부품들로 되어 있다. 물질적 토대에 관한 한 이제 바이든은 안드로이드와 전혀 다를 바가 없다. 다시 말해, 바이든은 몸의 모든 부분 부분이 철저히 안드로이드다.

그런데 우리가 여기서 기억해야 할 것이 있다. 앞의 논의에서 우리는 어떤 안드로이드도 영혼을 가질 수 없음을 보았다. 그러면 우리는 현재 시점의 바이든이 안드로이드인 이상 영혼을 가지고 있지 않다는 결론을 내려야 한다. 우리는 이 안드로이드 바이든으로부터 이상하다거나 빠진 듯한 어떤 것도 발견하지 못했다. 그의 직무 수행 능력과 다른 사람들과의 일상적 교류, 그리고 감정표현 등등 모두 아무 이상이 없다. 그러나 알고 보니 그는 영혼을 가지고 있지 않은 것이었다. 영혼의 존재를 믿는 서구인들에게는 참으로 기가 막힐 상황이다.

우리는 여기서 어려운 딜레마에 직면한다. 20년 동안 몸의 모든 부분이 교체되었음에도 불구하고 우리의 직관으로는 이 안드로이드 바이든이 20년 전 '피와 살'로 되어 있던 바이든과 인과적 및 역사적으로 연결되어 있기 때문에 아직도 '같은 영혼'이어야 한다고 본다. 그러나 우리는 위에서 아무리 잘 만들어진 복제품이라도 기계는 영혼을 가질 수 없다고 동의했었다. 이것이 우리의 딜레마다.

1. 20년 동안의 부품 교체를 통해 완성된 이 실리콘으로 된 바이든이 영혼을 가지고 있다면, 20년 전에 만들어져 바이든과 전적으로 동일한 기능을 수행하는 완벽한 복제 안드

로이드도 영혼을 가지고 있다고 인정해야 한다. 그러나

2. 만약 20년 후 실리콘으로 된 이 바이든이 영혼을 가지고 있지 않다면, 왜 20년 전 탄소유기물로 된 바이든이 영혼을 가지고 있다고 인정되어야만 했는지 이해하기 어렵다.* 생각해 보면 탄소유기물이 뭐가 그리 대단해서 그것으로 된 몸은 영혼을 가질 수 있고 실리콘으로 된 몸은 안 되는지 그 이유가 불분명하다.

불교가 가르치듯이 우리에게 자아 또는 영혼이 없다면 이 사고실험이 보여주는 것 같은 당혹스러운 논리적 문제가 처음부터 발생하지도 않는다. 불교에 의하면 20년 전 바이든도 그의 안드로이드 복제물도 자아나 영혼이 없고, 20년이 지나 안드로이드가 된 지금의 바이든도 자아나 영혼이 없다. 불교의 무아론을 따르면 아무 곤란한 논리적 또는 형이상학적 문제도 마주치지 않는다. 그러나 우리가 바이든이 20년 전에도 또 안드로이드가 된 지금도 영혼을 가진다고 믿는다면 위에서 보았듯이 어려운 딜레마에 빠지게 된다. 이러한 논리적 문제가 주

_____

* 만약 바이든이 20년 전에는 영혼을 가지고 있었지만 현재는 영혼이 없다면, 언제 그가 영혼을 잃었을까? 그가 탄소유기물로 된 두뇌의 49.99%를 잃었을 때일까, 50%를 잃었을 때일까, 아니면 50.01%를 잃었을 때일까? 물론 우리는 이 질문에 답할 수 없다.

는 곤혹스러움이 영혼이나 자아가 있다는 믿음을 의심하게 할 동기를 부여하고 있지는 않을까.

　두 개의 사고실험을 제시하며 영혼의 존재에 대한 의문을 제기했을 때 금강 스님이 질문했다.

　"영원 불변불멸한 것이 존재하지 않는다는 점을 어떻게 불과 몇 가지 예만 가지고 증명할 수 있습니까?"

　아직 사고실험의 예를 제시할 것이 하나 더 남았지만, 둘이나 셋의 반례로 영원히 불변불멸한 것의 존재를 부정할 수는 없다는 요지인데, 아주 좋은 질문이다. 그래서 나는 다음과 같이 답변했다.

　"훌륭한 질문입니다 스님. 우리는 모든 예를 하나하나 살펴 나갈 수는 없기 때문에, 결국 붓다의 무아론을 증명하기 위해서는 이 가능한 모든 예를 원칙을 가지고 분류한 다음에 그 원칙을 비판적으로 검토함으로서 영원불변한 것이 없다는 점을 증명해야 합니다. 실제로 붓다는 우리 존재를 물질적 토대와 네 가지 종류의 의식의 집합체로 분석한 다음, 이 다섯 가지 과정이 어느 하나도 영원불변하지 않다는 점을 보임으로서 우리에게 그런 불변의 자아 또는 영원한 영혼이 없다는 점을 증명합니다.

제가 지금까지 미국에서 사고실험으로 논의를 진행했던 이유는 영어를 사용하는 사람들은 구체적인 예로 문제에 접근하기를 좋아하기 때문에, 추상적인 철학논증보다는 각각의 예를 통해 영혼의 존재에 의문을 품게 하는 방식이 붓다의 무아론을 전하기에 더 효과적이기 때문입니다."

18세기 스코틀랜드의 철학자 데이비드 흄은 놀랍도록 단순한 질문을 던져 자아의 존재를 부정하는 직접적인 방법을 보여 주었다. 만약 자아가 있다면 몸에 있는 것이 아니라 마음에 있을 것이다. 그러면 두 눈을 감고 당신의 자아를 찾으려 마음의 모든 구석구석을 열심히 훑어보자. 당신은 당신의 자아와 만날 수 있는가? 아무리 철저히 이 내성內省을 계속해도 어떤 긍정적인 결과도 나오지 않는다. 마음속에서 자아 자체와 조우하기는 경험적으로 불가능하기 때문이다. 자신의 감정이나 생각, 거울에 비친 자신의 몸의 생김새 등에 관한 특정한 기억들과 마주칠 수 있을지 모르나 우리는 우리의 자아 자체와는 결코 만날 수 없다. 이렇게 철저한 경험주의적 관점에서 보면 자아 또는 영혼의 존재를 인정하기 곤란하다. 21세기에 사는 우리 대부분이 그렇듯이 당신도 경험주의자라면 자아나 영혼의 존재를 경험적으로 검증하는 것이 원칙적으로 불가능하다는 점을 안 이상 영혼의 존재를 합리적으로 받아들이기 어려울 것이다.

그런데 자장 스님이 데이비드 흄의 논증에 반대하는 질문을 했다.

"자신의 자아를 내성을 통해 만날 수 없는 이유는 그러한 내성을 진행하고 있는 것이 바로 자신의 자아이기 때문이 아닐까요? 사물을 보는 눈이 그 스스로를 볼 수 없고, 또 소리를 듣는 귀가 그 스스로를 들을 수 없다고 해서 눈과 귀가 존재하지 않는 것은 아니지 않습니까?"

통도사승가대학의 학인스님이 내 미국 학생들이 하는 질문과 똑같은 질문을 한 것이다.

"좋은 지적입니다. 그런데 사물의 사진을 찍는 카메라가 스스로를 사진 찍을 수는 없는데, 그렇다고 카메라에 자아가 있지는 않습니다. 또 요즈음은 많은 컴퓨터가 자기 모니터링 기능을 가지고 있어서 그 기기에 무슨 일이 있는지를 스스로 알고(?) 또 문제가 생기면 스스로 알아서 해결하기도 합니다. 그러나 그렇다고 해서 컴퓨터가 자아를 가지고 있는 것은 아닙니다. 컴퓨터의 한 부분에 따로 그런 기능을 만들어 놓았을 뿐이고, 그 부분은 그냥 기계이거나 프로그램일 뿐입니다. 컴퓨터의 자기 모니터링 기능을 위해 새 컴퓨터가 따로 필요한 것도 아닙니다. 마찬가지로 우리 마음이 내성의 기능을 수행할 때, 마음의 한 부분 A가 다른 부분 B를 관찰하고 또 C가 D를 관찰하는 과정 등이 계속되는 것일 뿐, 내성의 주체가 따로 필요한 것은 아닙니다. 마음의 내성 기능을 위해 새로 자아 또는 영혼이 따로 있어야 하는 것은 아닙니다."

동양이든 서양이든 그리고 출가자든 재가자든 학생들의 좋은 질문은 선생을 신나게 만든다.

제4장

무아無我 ③:
나는 있지도 않고 없지도 않다

붓다의 무아의 가르침을 서양철학의 방식으로 설명하기 위해
나는 두어 개의 예를 포함한 사고실험 하나를 더 소개한다. 이
시나리오가 불교의 무아론을 지지하는 또 다른 관점을 제시할
것이다. 여러분이 고등학교 졸업반 학생이어서 입학허가서를
받은 후 마음을 정하기 전에 대학 캠퍼스를 둘러보고 있다고
가정해 보자. 안내원과 다른 학생들과 함께 여러분은 여러 건
물과 도서관, 실험실, 본부 건물, 그리고 스포츠 시설 등을 둘
러본다. 그리고 교수와 교직원, 학생들과 만나 대화도 나눈다.
몇 시간 후 방문 일정이 끝난다. 그런데 모든 일정이 끝난 다음
여러분이 대학 자체의 위치에 대해 다소 궁금해졌다고 해 보
자. 스스로 묻기를, '지금껏 많은 건물과 학생 그리고 교직원들
을 보았다. 그런데 아직 대학 자체는 보지 못했다. 도대체 대학
은 어디에 있는가?' 다소 엉뚱한 이 '철학적' 질문에 어떻게 답
해야 할까.

대학이 그 모든 건물과 그 안에서 일하는 사람들과 독립해서

따로 존재하는 것이 아니라고 답변해야 옳다. 그 모든 건물과 사람들이 바로 대학이다. 다시 말해 대학이란 그것의 건물과 소속된 사람들 이상의 어떤 것이 아니다. 대학이 그 부속 건물과 사람들로부터 떨어져 어떤 특별한 형이상학적 공간에 따로 존재하는 것이 아니라는 말이다. 만약 누군가 대학 자체가 어떤 별도의 존재론적 범주에 속하는 일종의 형이상학적 대상이라고 믿는다면, 그는 범주 오류를 범하게 된다.[*]

범주 오류의 문제점을 보여 줄 또 하나의 좋은 예는 군대의 조직, 가령 사단 같은 것이다. 사단은 그 모든 소속 사병과 장교, 무기와 장비, 그리고 건물 등과 별도로 떨어져 존재하는 어떤 것이 아니다. 그 모든 사람들과 장비 등 자체가 바로 그 사단이다. 사단은 그것을 구성하는 모든 것들로부터 떨어져 따로 존재하지 않는다. 다시 말해, 사단은 그것의 구성요소들과 다른 존재론적 범주에 속하는 것이 아니다. 만약 여러분이 사단이 독립적인 대상이라고 생각한다면, 여러분은 범주 오류를 범하게 된다. 우리는 주위에서 이런 철학적 통찰을 보여주는 많은 예들을 쉽게 찾을 수 있다: 도시, 농구팀, 2022년 졸업반 등.

---

[*] 길버트 라일(Gilbert Ryle)이 그의 *The Concept of Mind* (1949)에서 처음으로 이 범주 오류를 지적했다. 필자는 본고에서 그의 예와 논증을 다른 목적으로 사용하고 있다.

위에서 열거한 대학과 사단의 예는 자아 또는 영혼과 어떤 개인의 모든 구성요소에 대해서도 같은 통찰을 해야 한다는 점을 보여준다. 한 개인은 몸과 여러 다양한 심적 상태들을 가지고 있다. 그러면 그 사람을 그 사람이게끔 해주는 것이 무엇인가? 다시 말해, 무엇이 이 사람의 자아 또는 영혼이고, 그가 그것을 가지고 있다면 도대체 어디에 있는가? 몸의 어떤 부분도 자아 또는 영혼이 아니라는 점은 분명하다. 또, 데이비드 흄의 논의로부터, 우리는 어떤 개개의 심적 상태도 자아 또는 영혼이 아니라는 점도 알고 있다. 그리고 우리는 위에서 대학이나 사단이 그것들의 구성요소와 별도로 어떤 특별한 형이상학적 공간에 존재하지 않는다는 것도 논의했다. 그렇다면, 개인의 몸과 다양한 심적 상태들로부터 독립해서 별도로 존재하는 자아 또는 영혼이 없다는 점 또한 분명하다. 몸과 그 모든 심리적 상태들 자체가 바로 그 개인 자신이라고 할 만하다.[*] 영혼이나 자아를 별도의 존재론적 범주에 속하는 대상으로 생각한다면 범주 오류를 범하는 것이다. 그런 별도의 대상은 존재하지 않는다. 개인에게 존재하는 것은 몸과 심적 상태들일 뿐

---

[*] 불교도들은 몸과 심적 상태들로 구성된 전체로서의 개인의 존재조차도 인정하지 않는다. 그러나 이 문제에 관한 더 이상의 논의는 다음 기회로 미루기로 한다.

이다.

지금까지 필자는 불교의 무아론을 지지하는 현대서양 분석 철학에서의 일련의 사고실험들을 제시했다. 지금까지 논의했 듯이, 무아론은 철학적으로 비판하거나 거부하기 힘든 진리 다. 그래서인지는 몰라도 최근에는 그렇게 오랫동안 자아와 영혼의 존재를 믿어 온 서구에서도 그들의 자아론自我論에 관 한 논의를 진행할 때마다 붓다의 무아론을 빼놓지 않고 포함 시키고 있다. 고무적인 일이지만, 어찌 보면 당연하기도 하다. 붓다의 무아론이 그들에게 이미 알려진 현재, 무아론을 제외 하고 그들의 자아론을 논할 수는 없을 테니까 그렇다.

불교는 세계 주요 종교의 하나로 훌륭한 도덕적 가르침의 체 계를 갖추고 있다고 여겨져 왔다. 그런데 불교도들이 자아 또 는 영혼의 존재 자체를 믿지 않아 그들 스스로 아무것도 잃을 것이 없다고 생각한다면, 그들이 어떻게 사회에 도덕적 규율 과 규범을 가르치고 사람들을 자비심에 가득 찬 이타적利他的 삶으로 이끌 수 있을까? 여러분은 무아론이 어떤 도덕적 결론 을 이끌어 낼지 다소 의아할 것이다. 그래서 내가 학인스님들 에게 질문해 보았다.

"진정한 자아, 참나, 또는 영혼이 존재하지 않는다고 확 신하면서 어떻게 도덕적으로 올바른 삶을 살 수 있겠습니까?"

비로 스님과 백운 스님이 차례로 답하였다.

"연기로 설명이 가능합니다. 자아나 영혼이 없다고는 하지만, 사람들은 행한 행위가 원인이 되어 그것이 결과를 낳는다는 연기의 법칙을 알고 있기 때문에 도덕적으로 좋고 옳게 살아가려 하게 됩니다. 인과응보因果應報라는 말을 기억한다면 영혼의 존재 여부가 그다지 중요하지 않습니다."

"무아가 진리이지만 우리는 모두 몸과 네 가지 의식상태, 즉 오온五蘊이 모인 다발 또는 집합체입니다. 집합체로서 연기의 법칙을 따르며 존재하기 때문에 이 집합체로서 지은 업에 따라 과보를 받는다는 점을 알고 있고, 따라서 도덕적으로 바르게 살려고 노력해야 합니다."

두 분 스님의 답변이 모두 훌륭하다. 불교에 관한 지식이 전무全無한 내 미국 학생들을 가르칠 때와는 달리 통도사승가대학의 학인스님들은 특강 첫날부터 탁월한 답변을 내 놓았다.
나는 불교가 외견상 당황스러운 위의 문제, 즉 자아나 영혼이 없는데 왜 그리고 어떻게 도덕적으로 이타적인 삶을 살아야 하는가의 문제를 아주 쉽고 단순하게 해결할 수 있다고 생각한다. 간단히 설명해 보겠다. 불교도에게는 자아나 영혼이 존재하지 않는다. 자아의 존재를 믿지 않으므로, 그것에 집착하지도 않게 된다. 처음부터 그 스스로가 존재하지도 않으므로 그 스스로의 안녕과 이익에 매달릴 필요가 없다. 다시 말해 그는 이기적(self-fish)이지 않게 된다. 그는 전적으로 공평하고 비이기적(unselfish)이게 될 것이다! 그러면 그는 다른 사람들의 이익과 안녕에 주의를 기울이고 도와줄 더 많은 시간과 마음의 여유를 가지기 시작하게 된다.

무아의 가르침을 받아들인 불자가 그의 삶에 어떤 고통을 가지고 있다면 그것은 물론 좋지 않은 일이다. 그는 그 고통을 처리하고 없애야 한다. 누군가 다른 사람이 고통을 가지고 있어도 그것 또한 마찬가지로 나쁜 일이다. 그에게는 자아가 없으므로, 고통이란 그의 것이든 다른 사람의 것이든 상관없이 제거되어야 한다. 고통을 받는다는 자아 또는 영혼이 없기 때문에 오직 고통 그 자체만이 홀로 존재한다. 그런데 고통이란 부정적인 결과를 초래하는 것이기 때문에, 우리는 자연스럽게 그것이 '나'라고 불리는 이것과 함께 여기 있든지 아니면 다른 사람과 함께 저기 있든지 모두 없애려고 노력하게 된다. 그래서 무아를 받아들이면 다른 이들의 고통도 똑같이 제거해 주려 하게 된다.

위의 논점을 다소 다른 각도에서 다시 설명해 보겠다. 자아가 없음을 깨닫는 순간부터 우리는 스스로에 대해 덜 염려하고 덜 걱정하기 시작한다. 예를 들어 우리의 미래, 돈 문제, 다른 사람들이 우리를 어떻게 생각할까 하는 염려, 그리고 어떻게 체면을 유지할까, 등등의 염려들이 줄기 시작한다. 우리 삶의 얼마나 많은 부분이 우리 자신들(자아들)을 위한 이런 걱정거리들을 처리하기 위해 소모되는가? 삶의 대부분의 시간이 그렇게 쓰여 없어지고 있지는 않은가? 그러나 붓다가 가르치듯이 우리가 일단 스스로 자아를 버리고 떠나보내면 우리는 대신 다른 이들의 고통과 안녕을 생각하고 살펴줄 훨씬 더 많은 시간과 마음의 여유를 갖게 될 것이다. 이것이 불교의 무아론이 이타적인 도덕적 삶을 권장하고 증진시키는 이유다.

서양인들은 영혼과 자아의 존재를 믿어 의심치 않아 왔지만, 그래도 그들 또한 은연중 자아에 집착하는 것이 옳지 않다는 점을 깨달아 왔던 것 같다. 그리고 그런 판단이 그들의 언어에 반영되어 있는 것 같다. 먼저 자아의 굴레를 벗어나지 못한 사람들에 대한 부정적인 표현으로 self-centered(자기중심적인), selfish(자기 이익만 고려하는, 이기적인), self-righteous(자기만 옳다는) 등이 있다. 모두 자기에 집착하기 때문에 나오는 좋지 않은 태도를 비판하는 영어 단어들이다. 서양인들도 그것이 나쁨을 알고 있었던 것이다. 그런데 이와는 반대로 마치 불교의 무아론이 우리가 따라야 할 가르침이라는 점을 보여주는 듯한 단어들도 있는데, unselfish(스스로의 이익을 고려하지 않는, 이타적인)나 selfless(자신을 희생하는, 이타적인)가 그런 것들이다. 서양인들도 도덕적으로 훌륭하게 살려면 그들이 의식하지는 못했던 것 같지만 '자신을 잃어야 한다'는 점을, 즉 무아無我의 가르침을 따라야 한다는 점을 깨닫고 있었다. 이와 같이 언어에 내재하는 일반대중의 지혜가 무아의 가르침과 다르지 않다는 점이 반갑다.

이와 같이 가벼운 마음으로 첫 번째 특강을 거의 다 마쳐가고 있을 때 느닷없이 서운 스님이 질문했다.

"자아, 즉 아뜨만(atman)이 존재하지 않는다는 교수님의 강의 잘 들었습니다. 그런데 제가 기억하기로는 교수님께서 몇 해 전에 공空에 대해서도 강의하셨다고 들었습니다. 아뜨만이 존재하지 않는다는 무아의 가르침과 교수님이 보시는 공의 문제를 연관시켜 말씀해 주실 수 있겠습니까?"

코로나로 인해 몇 해 동안 귀국하지도 못했는데, 내가 그 전에 한국에서 진행한 어떤 강의의 내용을 숙지하고 이번 새 강의의 내용과 그것이 어떻게 연결되는가를 듣고 싶다는 학인스님의 질문이었는데, 솔직히 좀 놀랐다. 잘 해야 일 년에 한 번 귀국할까 말까 하는 사람이 바쁜 일정 쪼개서 겨우겨우 강의한 내용이 통도사승가대학의 학인스님에게까지 알려졌다니 반갑기도 했지만 한편으로는 역시 어떤 강의 하나도 결코 허투루 하면 안 되겠다는 생각을 다시금 새기게 되었다. 그래서 나는 다음과 같이 설명하며 답변했다.

불교의 무아론에서 주의할 점 하나를 지적할 필요가 있다. 만물에는 고정불변의 본성이 존재하지 않기 때문에 어떤 것에도 자성이 없어서 만물이 공空하다는 통찰이 대승의 가르침이다. 대승의 공의 관점을 자기 자신에 적용해 보면 나 또한 공하다는 결론이 나오는데, 이것은 붓다의 무아의 가르침과 동일한 내용을 가진 통찰이다. 그런데 만물이 공하다는 대승의 주장은 실은 아무것도 존재하지 않는다는 말이 아니다. 대승은 공을 통해 만물이 자성을 가지고 상주할 수 없다고 가르치지만 그렇다고 해서 전적으로 존재하지 않는다는 단멸론에 빠져서도 안 된다고 강조한다. 사물은 자성 없이 그저 그러그러(如如)하게 존재한다. 마찬가지로, 불교는 우리가 비록 영원 불변불멸의 존재는 아니지만 그래도 일상에서 서로 마주치며 함께 살아가는 나와 주위 사람들이 존재하지 않는 것은 아니라고 가르친다. 위에서 백운 스님도 말했듯이, 불교는 몸과 의식이 모여 있는 집합체로서의 개인 인격체(person)의 존재를 부정하지 않는다. 그래서 우리는 자아(아뜨만)나 영혼과 같은 것을 가지고 존재하지는 않지만 그렇다고 해서 전적으로 존재하지 않는 것도 아니라는 점을 인지해야 한다.

인격체로서의 나와 다른 이들의 존재가 받아들여져야 하는 이유를 몇 가지 살펴보겠다. 희대의 살인마 제프리 다머는 17명을 살해했다. 그런데 법정에 불려나온 다머가 '나는 불교도다. 자아가 없다고 확신한다. 제프리 다머는 없다. 없는 내가 어떻게 17명을 죽일 수 있었겠는가? 나는 처벌받아서는 안 된다.'고 항변한다고 가정해 보자. 황당한 변명인데, 불교의 무아론을 문자 그대로 받아들이면 이런 어처구니없는 상황이 연출될 수 있다. 그러나 영원불변의 자아가 없다고 해서 법적·도덕적 책임을 지는 몸과 의식의 집합체로서의 제프리 다머마저 존재하지 않는 것은 아니다. 그래서 '제프리 다머'라고 불리는 심신의 집합체는 처벌되어야 한다. 그런데 다머는 또 '무상한 심신은 끊임없이 변한다. 지금 나의 심신은 17명을 살해했을 때의 심신이 아니다. 전에 다른 심신이 저지른 일에 대해 왜 지금 여기 있는 심신이 처벌받아야 하나?'라고 항의할 수도 있겠다. 이 또한 어리석은 소리다. 현재의 심신이 살인을 저질렀던 심신과 인과적·역사적으로 연결되어 있는 하나의 인격체이기 때문에 처벌이 가능하다.

일상을 살아가는 데도 같은 사람의 지속적 존재에 대한 가정은 실용적으로 필요하다. 저녁 늦게까지 일하고 밤에 집에 돌아온 내가 '궁극적 관점에서 나는 존재하지 않고 이 몸과 마음은 끊임없이 변하는데, 내일 아침 일어날 어떤 다른 사람 좋으라고 내가 지금 힘들게 양치질하고 세수할 이유가 없다'며 그냥 잠자리에 든다면 나는 다음날 아침 반드시 후회한다. 또 여러 해 뒤 시험에 합격해 직장에 취직할 다른 사람을 위해 오늘 내가 공부할 이유가 없다며 놀면 인생이 어려워지고, 수십 년 후 은퇴할 낯선 이를 위해 저축하지 않겠다며 버는 즉시 돈을 쓰면 나중에 고생한다. 비록 무상한 몸과 마음이지만 오랜 시간 동안 인과적·역사적으로 이어지는 이 연속체를 동일한 나로 간주하며 살아야 결과적으로 삶을 더 잘 살 수 있다. 다른 이들에 대해서도 마찬가지다. 세월이 흐르더라도 영희를 동일한 인격체 영희로, 철수를 같은 사람 철수로 간주하는 것이 실용적으로 요구된다.

　불교에서는 이와 같이 우리 일상생활을 성공적으로 영위할 수 있도록 도와주는 진리를 속제(俗諦, the conventional truth)라고 부른다. 비록 궁극적인 진리는 아니더라도, 위에서 보았듯이 개인의 삶과 사회생활을 위해 없어서는 안 될 진리다. 이에 대비해 우리를 궁극적으로 깨달음과 열반으로 이끌어주는 진리는 진제(眞諦, the ultimate truth)라고 한다. 궁극적 관점에서 볼 때 나는 단지 무상한 몸과 의식의 집합체에 불과하기 때문에 내게는 집착할 만한 아무것도 존재하지 않는다. 우리는 진제인 무아의 가르침을 받아들이고 철저히 내면화시켜야 깨달음을 얻고 열반에 이르러 대자유의 길에 들어설 수 있다.

　이제 첫째 특강을 마무리할 때가 되었다. 이 강의의 결론을 내려 보자면, 나는 존재하지 않지만 그렇다고 전혀 존재하지 않는 것도 아니다. 영원불변의 본성을 가진 불멸의 자아나 영혼 같은 것으로는 존재하지 않지만, 그래도 한 평생 80년 정도 매일 일상을 잘 살아가는 심신의 집합체로서는 존재하기 때문이다. 그래서 나는 있지도 않고 없지도 않다(非有非無). 단지 묘하게 있을 뿐이다(妙有).

제5장

말로 깨치는 선禪 ①: 붓다란 무엇인가

특강 둘째 날에는 한국 불교의 주류를 이루는 선禪 전통에서 특히 간화선看話禪에서의 화두를 주제로 삼아 강의를 진행했다. 강의 제목을 「말로 깨치는 선」이라고 정한 이유는 이 제목이 '말로는 깨칠 수 없는 진리의 깨침'을 표방하는 선문禪門에서 즉각적으로 반대할 것이어서 더 많은 청중의 주목을 받을 수 있다고 생각했기 때문이었다. 그러나 강의를 시작할 때 해명한 바와 같이, 내 강의의 내용은 실은 '선에서의 깨침이 말로는 불가능한 이유를 말로써 설명'해 보려는 것이었다. 비록 '언설로는 깨칠 수 없다'는 불립문자不立文字의 전통을 견지하는 선문이지만, 그래도 최소한 불립문자가 옳은 이유를 먼저 말로 쉽게 풀어 보여주어야 초심자가 선문에 들어올 마음이 더 생길 것 같아서 그랬다.

이번 특강은 내가 불교철학 연구를 본격적으로 시작하기 수년 전에, 현재 재직하고 있는 미국 대학의 서양철학 교수직에 지원하는 과정에서 요구된 시범강의 때 사용한 내용과 거의 동일하다. 그때 나는 불교에 대해 아는 것이 거의 전무한 미국 학생들과 교수들을 상대로 50분 안에 선불교의 정수를 전하려는 무모한(?) 계획을 가지고 있었다. 내가 이미 오래 전에 시도해 본 일이지만 통도사승가대학의 학인스님들도 분명 앞으로 외국인들에게 불교를 소개할 기회를 가지게 될 가능성이 많을 것이기 때문에, 내가 스님들에게 호기심으로 질문해 보았다. '스님들께서는 불교가 무엇인가를 외국인에게 어떻게 설명하시겠습니까?'

백련 스님: 불교는 궁극적인 행복으로 나아가게 하는 가르침이라고 말하겠습니다.
홍창성: 그 외국인은 다른 종교도 마찬가지라고 할 것도 같습니다. 그렇다면 불교가 다른 종교의 가르침과 다른 점은 무엇이라고 말씀하시겠습니까?
백련 스님: 기독교나 힌두교와는 달리 영혼이나 아뜨만에 의지하지 않고 우리가 단지 몸과 네 가지 의식상태인 오온 五蘊의 집합체임을 자각해 집착 없는 행복의 길로 나아가게 하는 점이 다릅니다.

역시 스님이라서 철학적 관점에서 보아도 손색이 없는 좋은 답변을 하였다. 다른 스님들도 다음과 같이 답변했다.

설법 스님: 삶이 고통의 바다, 즉 고해苦海라는 고성제苦聖諦와 만물이 끊임없이 변한다는 무상無常의 가르침을 소개하겠습니다.

설선 스님: 붓다의 가르침의 근간인 인과因果를 소개하겠습니다. 그래서, 예를 들어, 웃어야 웃을 일이 생긴다는 점을 설명하겠습니다.

염불 스님: 불교의 수행과 실천을 소개하겠습니다. 예를 들어, 화가 나거나 했을 때 스스로에게 화가 난 이유에 관한 질문을 계속 던져 보면 그 문제를 해결할 수 있다는 점을 알려주면서 자기 자신을 3인칭 관점에서 접근하며 수행하는 방법을 설명해 보겠습니다.

모두 참으로 좋은 말씀들이다. 내가 아니라 이런 스님들이 내 미국 학생들에게 불교를 가르치셔야 한다.

나는 내가 미국 대학에서 가르쳐 본 첫 번째 불교철학 강의의 내용을 통도사승가대학에도 소개해 보고 싶었다. 미국에서는 그 내용을 이곳저곳에서 발표하며 미국 철학회 회보에까지 실어 보았어도 큰 반론에 직면한 적이 없는데, 한국 선문의 전통에 살고 있는 스님들은 어떤 반응을 보이실까, 많이 궁금했다. 그래서 나는 그 강의를 다음과 같이 소개했다.

전설에 따르면 붓다는 '진리란 무엇입니까?'라는 제자의 질문에 말없이 한 송이 꽃을 들어 보임으로써 답했다고 한다. 붓다의 가르침을 듣기 위해 모인 많은 청중은 모두 이 뜻밖의 답변에 어리둥절했다. 제자 가운데 오직 가섭만이 붓다의 침묵의 의미를 이해하고는 살며시 웃음 지었다. 이 유명한 일화는 진리를 말없이 가르치고 깨우친다는 선禪 전통의 기원으로 여겨져 왔다.

이 무언無言의 가르침을 대학에서 학생들에게 전수하려는 시도는 물론 신명나기야 하겠지만 어려운 강의가 될 것임이 자명하다. 강의실에서는 말로 요점을 설명하고 질문과 토론을 통해 학생들의 이해를 깊게 하는 것을 원칙으로 한다. 그런데 설명과 질문 및 토론을 없애야 깨달을 수 있다는 선의 진리를 어떻게 강의실에서 전달할 수 있겠는가. 그래서 일부 불교도들은 진리에 대한 어떤 개념적 접근도 인정하지 않는 선의 전통을 고려하면, 선의 가르침을 말로 설명하려는 생각과 시도 자체가 모순을 내포하고 있다고 비판할 수도 있겠다.

그러나 나는 언뜻 보기에 불가능해 보이는 이 일을 해 낼 방법을 찾아보려 했다. 우리가 잘 알고 있듯이 실은 붓다도 무수히 많은 다른 종류의 사람들을 보다 효율적으로 가르치기 위해 다양한 방편方便을 사용했다. 무언의 진리를 말로 가르치려

는 생각이 모순일 것 같지만, 만약 이 시도가 불교에 대해서는 거의 아무런 배경지식도 없는 서양 학생들이 '깨치는 데' 도움이 될 수 있다면, 그 생각이 그다지 모순일 이유가 없겠다. 그래서 나는 이런 방편을 사용할 기회가 한 번이라도 주어진다면 결코 놓치지 않으려 했다.

이십오 년 전 필자는 오직 무모한 젊은이라야 선택할 방식으로 이런 도전의 기회를 잡았다. 내가 미국에서 대학원을 마칠 무렵 분석형이상학과 심리철학 그리고 현대인식론을 강의할 교수직에 지원해서 미네소타주에 있는 한 대학에서 총장을 비롯한 여러 사람들과 인터뷰를 했다. 첫날은 내 연구 주제였던 현대서양 형이상학의 문제를 중심으로 교수들을 상대로 논문을 발표했다. 그리고 나는 둘째 날 시범 강의 주제로 선禪 이야기를 골랐다. 청중 안에 불교를 많이 알고 있을 교수나 학생이 있기를 기대할 수는 없는 상황이었다. 특히 그들이 현대철학인 분석철학만을 강의할 지원자의 강의 능력을 관찰하고 평가하기 위해 모인 사람들이어서 더욱 그랬다.

내가 선택한 도전거리는 이 서양인들에게 선의 무언無言의 진리를 '말'이라는 방편을 사용해서 주어진 50분 안에 그들이 깨닫도록 도와주는 것이었다. 지금 돌이켜 보면, 무언의 진리를 말로 가르친 필자의 방편이 제대로 된 것이었는지도 모르겠다. 필자는 어쨌든 청중 속에 있었던 교수들의 추천으로 교수직을 얻었고, 아직도 같은 대학에서 가르치고 있다. 시범 강의는 지원자의 입장에서는 두 말할 나위 없이 긴장 속에서 진행되기 십상이지만, 내 경우에는 실제로 무척 재미있고 신명난 경험이었다. 그런데 내가 시범 강의를 어떻게 했느냐에 대해 놀라지 말기 바란다. 선禪을 전혀 모르는 분들, 특히 서양인들에게는 충격이었을 거다. 내가 강의 제목으로 제시한 것은 '부처가 왜 개똥인가?'였다.

옛날 옛적 고대 한국에 유명한 선승禪僧이 있었다. 어느 날 그의 제자가 '스님, 붓다란 무엇입니까?'라고 여쭈었다. 선승이 답하기를, '개똥이다!' 표면상으로만 볼 때 이 대화는 무척 아리송하고 또 우리를 당황하게도 만든다. 도대체 어떻게 붓다가 개똥이란 말인가? 선승과 제자는 둘 다 불교 승려여서 이 유명한 선승이 제자에게 붓다를 모독하는 가르침을 주었을 리는 만무하겠다. 그러나 분명 선승의 답변은 붓다가 개똥임을 의미하고 있는 것처럼 들린다. 전통적으로 선禪에는 이와 같이 아리송하지만 재미있는 이야기들이 가득하다. 그래서 불교도들은 선禪의 가르침을 수많은 농담과 재밋거리, 그리고 한바탕 웃음과 함께 배워 왔다. 그러나 분명히 말할 수 있는 것은 위의 이야기 어디에도 붓다에 대한 모독이 시도된 곳은 없다는 점이다.

흔히들 이야기하듯이, 어떤 이가 손가락으로 달을 가리킨다면 그가 의미하는 것은 손가락을 보라는 것이 아니다. 손가락이 아니라 손가락이 가리키는 달을 바라보라는 것이다. 마찬가지로, 선 전통에 가득한 어리둥절한 이야기들은 그 이야기들을 표현하는 문장의 문법구조와 단어의 사전적 의미를 분석함으로써 이해하려 해서는 안 된다. 예를 들어 위의 선승의 답변은 '개똥'이라는 단어의 의미를 분석해서는 결코 이해될 수 없다. 다시 말해, 우리는 위의 대화가 가리키는 것을 보고 이해하려고 노력해야지 대화 그 자체를 보고 분석하려 해서는 안 된다. 그래서 이 강의의 목적도 표면 구조상으로는 무의미하게 보이는 아리송한 선문답禪問答을 그래도 의미 있는 대화로 이해하도록 돕자는 것이다.

불교에 대한 아무런 배경지식이 없는 미국 학생들을 상대로 선禪의 정수를 가르치려면 먼저 불교의 기본 원리에 대한 소개가 필요하다. 불교의 철학적 가르침을 논의하기에 앞서 필자는 어느 강의에서나 학생들에게 불교에 대해 아는 것이 있느냐고 물어 본다. 대부분의 경우 그다지 대답들이 없다. 학생들은 달라이 라마를 떠올리기도 하지만 배불뚝이 붓다(실은 붓다가 아니지만)나 명상 등을 언급하는 것이 거의 전부이다. 그러면 필자는 다시 '붓다'라는 말의 의미를 아느냐고 질문해 본다. 이번에는 거의 언제나 아무 반응 없이 그저 침묵이 흐른다. 그러면 내가 학생들에게 답을 준다. '붓다'란 말은 '깨달은 자'를 의미한다고. 어원語源을 따지자면 이것이 옳은 답변이다. 그러나 이것이 철학적으로 좋은 답변은 아니다. 왜냐하면 우리는 '그러면 붓다가 깨달은 것은 무엇이냐'고 다시금 질문하게 되기 때문이다. 무엇을 깨우쳤기에 고타마 싯다르타가 붓다가 된 것인가?

붓다가 깨달은 것은 우리의 삶과 존재세계에 대한 진리이겠다. 그의 가장 초기 설법의 내용들로 미루어 유추해 보면 그의 깨달음 내용의 일부는 다음과 같을 것이다.

(1) 이 존재세계와 그 안에서의 우리의 삶은 근본적으로 불만족스럽고
(2) 이러한 불행의 원인은 우리의 지나친 집착이지만
(3) 이런 집착의 원인을 제거함으로써 근본적인 불행을 피할 수 있는데
(4) 그런 집착의 원인을 제거할 수 있는 방법이 있다.

이것이 붓다가 깨달은 사성제四聖諦이다. 이 사성제는 불교의 모든 학파가 받아들이는 가장 기본적인 가르침이어서, 비록 선 전통이 가진 특색과 직접적으로 연관된 것은 아니지만, 우리 강의에 주어진 짧은 시간에도 불구하고 좀 더 주의 깊게 논의할 가치가 있다.

사성제의 첫째 가르침은 존재세계와 그 안의 우리 삶은 근본적으로 불만족스럽다는 것이다. 우리 삶의 많은 중요한 단계들이 고통스런 경험으로 얼룩지어져 있다. 출생은 산모와 아기 모두에게 분명 무척 고통스럽고 충격적인 사건이다. 젊은 날은 짧고 우리는 어느덧 늙어 간다. 노화는 병과 쇠약함도 가져온다. 그리고 결국 우리는 죽게 된다. 윤회가 있다면 죽음도 끝이 아니어서 출생으로부터 죽음에 이르는 이 모든 과정이 무한히 반복된다.

이렇게 생로병사生老病死와 같은 실존적인 문제들과 함께 일상생활에서 경험하는 고통스런 일들도 많다. 우리는 우리가 가장 사랑하며 같이 있고 싶은 사람들과 영원히 함께 살 수 없다. 우리가 사랑하는 사람들은 우리와 종종 멀리 떨어져 살아야 하고, 우리 또는 그들이 이 세상을 떠날 때는 서로의 곁을 영원히 떠나게 된다. 이것은 고통스럽지만 결코 피할 수 없는 삶의 모습이다. 그런데 같은 동전의 다른 측면도 마찬가지로 어려운 것이, 우리는 종종 가장 싫어하는 사람들과도 함께 살아야 한다는 문제가 있다. 거의 모든 학생이 룸메이트들과 안 좋은 경험이 있을 테니 이와 같이 불만족스러운 삶의 단면을 쉽게 이해할 수 있겠다. 이런 경험이 없다면, 히틀러와 그의 추종자들로 가득 찬 나치 독일에서 살아야만 했던 유태인들이 어떻게 느꼈을 것인가를 한 번 상상해 보라.

그런데 위의 요점은 삶과 존재세계가 문제에 가득 차 있기만 하다는 어떤 염세주의적 관점을 부각시키려는 것이 아니다. 오히려 그 반대로 삶의 불만족스러운 면을 개선할 더 좋은 방법을 찾을 수 있도록 그런 부정적인 측면이 존재함을 일단 용기 있게 인정하자는 것이다. 그래서 붓다는 더 나아가 이 불행의 원인을 분석하여 우리의 모든 고통을 만들어 내는 원인이 바로 욕구와 그 대상에 대한 집착 또는 욕구라고 결론짓는다. 이것이 사성제의 두 번째 가르침이다. 그런데 욕구와 집착이 우리 불행의 근원이라는 것이 도대체 무슨 말인가?

다소 어설프지만 다음과 같은 행복의 공식이 이 문제를 설명하는 데 도움이 되겠다.

$$행복 = \frac{충족}{욕구(집착)}$$

행복은 욕구가 충족되었을 때 생겨난다. 만일 같은 양의 욕구를 유지한다면 그 욕구를 더 많이 또는 더 잘 충족하여야 행복을 증진시킬 수 있다. 그러나 어떤 이유로 욕구를 더 충족할 수 없거나 아니면 오히려 그 충족량을 줄여야 하게 되면, 우리가 전과 같은 수준의 행복을 유지하기 위해서는 욕구를 더 늘려서는 안 되고 오히려 줄이려 해야 한다. 행복해지려면 언제나 불필요하거나 지나친 욕구를 줄이려고 노력하는 것이 좋은 방법이다. 우리가 필요로 하는 물자와 서비스는 언제나 공급이 제한되어 있어서 점증하는 우리의 욕구를 끊임없이 충족시키기는 불가능하기 때문이다. 더욱이 우리는 결코 충족시킬 수 없는 욕구조차 가질 수 있다. 예를 들어, 노화와 병 그리고 죽음을 피하고자 하는 욕구가 그런 것들이다. 마음의 평화와 행복을 위해서는 이런 욕구들을 가지지 말아야 함을 배우고 익혀야 한다.

어떤 이가 그의 욕구나 집착을 많이도 줄여서 거의 무無에 가까이 갈 정도가 되었다고 한번 가정해 보자. 그러면 위의 공식에 따라 그의 행복은 거의 무한대에 이르게 될 것이다. 그래서 모든 욕구와 집착을 완전히 제거한 붓다를 묘사한 조각이나 그림을 보면 붓다가 언제나 신비로운 열락悅樂의 미소를 짓고 있음이 당연할 수밖에 없다. 이렇게 삶의 불만족스러움을 그것의 원인인 욕구와 그 대상에의 집착을 제거함으로써 피할 수 있다는 것이 사성제의 세 번째 가르침이다.

사성제의 마지막인 네 번째 가르침은 이런 욕구와 집착을 제거할 효과적인 길이 있다는 것인데, 붓다가 이 방법으로 제시한 것이 바로 팔정도八正道이다. 주어진 시간의 제약이 있어 이 여덟 가지 올바르게 해야 할 일들을 하나하나 나열하고 소개할 수는 없지만, 이 가르침의 요점은 올바른 지혜를 닦아 올바른 덕을 갖추고 올바르게 명상하며 수행하면 불필요하고 지나친 욕구와 집착이 자연스럽게 소멸되어 고뇌로부터 벗어난 열반의 상태에 이르게 된다는 것이다.

위에서 밝혔듯이 사성제는 붓다가 득도한 후 행한 첫 설법의 내용이며 불교의 모든 학파가 이 진리를 받아들인다. 그런데 선 전통의 철학적 기초와 더 밀접히 연관된 부처의 가르침은 실은 무상無常과 연기緣起의 가르침들이다. 무상의 가르침은 고대 희랍 헤라클레이토스의 세계관과 비유될 만하다. 이 세상 어떤 것도 같은 것으로 남아 있지 않고 모든 것이 끊임없이 변한다. 헤라클레이토스는 좋은 예를 제시하며 이 점을 선명히 설명한다. 우리는 같은 강에 두 번 들어갈 수 있을까? 그럴 수 없다. 강은 물로 가득 차 있고 그 물은 쉼 없이 흐르기 때문에 우리는 같은 강바닥 위의 같은 물에 다시 들어갈 수 없다.

비록 우리는 예를 들어 '한강'과 같은 동일한 이름으로 어떤 강을 지속적으로 지칭하기 때문에 동일한 강이 한 곳에 오랫동안 흐른다고 쉽게 생각하지만, 엄밀한 의미에서 시간의 경과에도 불구하고 동일하게 남아 있는 강이란 존재하지 않는다. 어떤 물체라도 그 구성 입자들이 끊임없이 움직이면서 다른 곳으로 나가기도 하고 이 물체 안으로 다른 입자들이 들어오기도 하기 때문에 동일한 물체로 남아 있지 않다. 한편 우리의 마음 또한 그 속에 언제나 상이相異한 믿음과 생각들이 오고 가기 때문에 한시라도 변치 않고 같은 마음으로 남아 있을 수 없다. 이와 같이 불교는 어느 찰나에도 동일하게 남아 있는 존재자가 없다고 가르친다. 그래서 이 세계의 어느 것에라도 마치 그것이 영원할 것이라고 믿고서 그것에 집착함은 단지 무지無知의 소치일 뿐이라고 경계한다. 이렇게 무상의 가르침은 우리의 집착이 얼마나 헛된 것인가를 보여준다.

여기까지 강의했을 때 이미 한 시간이 지나, 잠시 쉬고 나서 특강을 계속하기로 했다.

제6장

말로 깨치는 선禪 ②: 말로는 깨칠 수 없다

무상無常보다도 선 전통과 더 밀접히 연관되어 있고 또 더 흥미로운 붓다의 가르침은 연기緣起다: 모든 것이 다른 모든 것과 연관되어 생성·지속·소멸한다. 이 가르침은 원래 모든 것이 조건과 원인에 의해 생성 변화한다는 인과관계(causal relation)를 중점적으로 설명했다. 존재세계의 어떤 것도 인과의 그물에 속해 있어서 모든 것이 원인을 가지고 있으며 또 그 스스로 다른 것(들)의 원인이 된다. 연기가 단지 이런 인과관계에 관한 가르침이라면 그렇게까지 놀랍거나 신기할 이유는 없겠다. 그러나 불교가 인도에서 중앙아시아와 동아시아로 퍼져 나가면서 연기의 가르침은 여러 학파에 의해 그 적용되는 외연이 무한으로 확장되며 철저히 형이상학적으로 해석되기 시작했다.

예를 하나 들어 이 새로운 해석의 특성을 설명해 보겠다. 나는 지금 미국 중부지역에 있고 이곳 시간은 오후 한 시다. 그러면 중국은 새벽 네 시경이 되겠다. 지금 현재 지구의 반대편에 있는 중국에 시장기를 못 참아서 찐만두를 허겁지겁 먹고 있을 중국인이 최소한 한 명은 있을까? 중국은 지금 야심한 시각이지만 중국의 거대한 인구를 고려해 보면 지금 배가 무척 고파 찐만두를 급히 먹고 있을 중국인이 최소한 한 명은 분명 있을 것이라고 믿는다. 이런 내용을 우리의 의식에 뚜렷이 떠올리지 않더라도 실은 그렇게 믿어 왔다. 나는 현재 지구 반대편에서 찐만두를 먹고 있는 중국인이 있다는 믿음을 무의식적으로 가지고 있고, 그러한 그를 지구 반대편에 가지고 있다는 방식으로 그와 연관되어 있다.

그런데 이제 이 중국인이 찐만두를 너무 급하게 먹다가 갑자기 목에 걸려 뜻밖에 질식사한다고 가정해 보자. 그러면 나는 내가 가진 여러 속성들 가운데 지구 반대편에 이 중국인이 있다는 속성을 하나 잃게 된다. 내게 변화가 생기는 것이다. 나는 이 사람의 존재를 의식한 적조차 없다. 그럼에도 불구하고 위에서 기술한 방식대로 나는 이 사람과 연관되어 있다. 비록 이런 관계가 인과적 관계는 아니지만 우리가 이런 종류의 관계도 존재세계의 다른 존재자들과 맺는 관계로 포함시킨다면 이세상 모든 것이 다른 모든 것들과 연관되어 생성 변화함이 분명해진다. 다른 은하계에 있는 작은 행성에 돌 하나가 굴러도 그것은 나와 연결되어 있어서 그 돌에 일어나는 변화가 나의 변화의 일부가 된다. 이런 관점에서 조명해 보면 선 전통에서 유명한 다음의 시詩 구절이 쉽게 이해될 것이다: '풀잎 끝에 달린 아침 이슬 한 방울에 삼천대천三千大千 세계가 들어가 있다"
—물론 그럴 수밖에 없는 것이 이 존재세계의 모든 것이 다른 모든 것에 연관되어 서로 철저히 삼투渗透되어 있기 때문이다.

한편 붓다는 위에서 논의한 무상의 요지도 연기로부터 설명된다고 가르친다. 만물이 서로 연관되어서만 생성·지속·소멸하니 어느 존재자에나 그것의 존재를 가능케 하는 수많은 다른 존재자들이 있는데 그중 최소한 하나는 변하고 있을 테니 그 주어진 존재자도 변할 수밖에 없기 때문이다. 그래서 무상의 가르침은 연기의 요점으로부터 논리적으로 도출되는 결론이기도 하다. 한편 연기의 가르침은 그 유명한 공空의 가르침으로 이어진다. 만물은 끊임없이 변화하며 오직 서로 연관되어서만 생멸한다. 그래서 어떤 존재자도 스스로 존재할 수 없고, 스스로 존재할 수 없으니 스스로의 본질(자성自性)도 가질 수 없다. 말하자면 모든 것이 실체와 자성이 없어 공한 것이다.

그런데 이 공은 새로이 발견되어야 하는 어떤 신비로운 형이상학적 실체가 아니라 우리가 지금까지 이 세상에서 알고 지내온 모든 사물의 존재 양상(樣相, mode)일 뿐이다. 예를 들어 지금 독자 앞에 놓여 있을지도 모르는 하나의 테이블은 다른 존재자들과는 아무 의존관계도 없이 존재하는 독립적 실체가 아니다. 이 테이블은 다른 존재자들과 뚝 떨어져 홀로 존재할 수 없으며 또 그것을 독립적 실체로 존재하게 해 줄 테이블의 영원한 본질 같은 것도 없다. 그러나 그렇다고 해서 그것이 무無인 것도 아니다. 독립적 실체는 아니더라도 그것은 여전히 다른 모든 것들과 연관되어 생멸하는 무엇이기 때문이다. 말하자면 사물은 독립적 실체가 아니지만 그렇다고 해서 무無도 아니다. 우리가 알고 있는 사물들은 독립적 실체와 무無 사이 어디엔가 묘妙하게 있는 것이다. 이러한 모든 사물의 존재 양상이 공空이라고 명명되었다.

그런데 원래 사물의 존재양상(mode of existence)을 일컫는 이름으로 '공空'이라는 단어가 생겨났지만 나중에 많은 시간이 경과하면서 공空이 만물의 존재 그 자체라면서 공空에 실재성(實在性, reality)이 부과되며 공이 실체화(實體化, reification)하게 되었다. 그러면서 어떤 학파들에서는 '공'이라는 이름이 모든 사물의 실재성을 지칭하게까지 되었다.* 이런 학파들은 존재 세계의 모든 것에서 공을 보았으며, 결국은 존재하는 모든 것들을 공과 동일시하게까지도 되었다.** 그래서 공이 존재자의

---

* 나는 이 요점들의 전이(轉移, transition)에 용납할 수 없는 많은 논리적 비약과 문제점들이 포함되어 있다고 본다. 그러나 주어진 주제와 거리가 있어 이에 대한 구체적인 논의는 다른 기회로 미룬다.

** 공空은 원래 존재의 양상을 기술하는 표현이었는데 이 공空이 존재자 자체와 동일시되기도 한 것이다. 책상이 직사각형 모양을 하고 있다고

본질을 드러내 주는 것으로 여겨졌다. 그런데 실재하는 것의 본질을 제대로 파악하는 것이 붓다의 가르침의 궁극적 목표다. 그리고 붓다는 공의 진리를 깨달았기에 붓다가 되었다. 그래서 공이야말로 바로 붓다의 본질이다. 다시 말해, 붓다가 공 그 자체인 것이다!

우리는 위의 조잡한 추론 과정에서 수많은 논리적 오류를 쉽게 발견할 수 있다. 더욱이 공의 가르침을 이끌어 내는 연기의 가르침이 붓다 자신까지를 포함한 어떤 존재자에도 본질이 존재함을 부정하고 있는데도 붓다의 본질이 공이라고 주장함은 단적으로 논리적 모순이다. 그러나 역사상의 여러 학파들이 위의 조잡한 추론을 받아들여 이 세상 모든 사물의 본질이 공이라고 주장했다는 것 또한 사실이다. 이들에게는 모든 것이 공이고 공이 바로 붓다의 본질이기 때문에 결국 모든 것이 이미 붓다이거나 아니면 최소한 불성佛性을 가지고 있다. 이 학파들은 그들이 보는 모든 사물에서 붓다를 보았다. 그래서 이들에게는 개똥 한 조각에조차도 불성이 깃들어 있는 것이다.

위의 주장들이 필자가 이 강의의 서두에서 소개한 아리송한 대화를 해석하는 한 방법이 될 수도 있겠다: '스님, 붓다란 무

해서 책상과 직사각형이 동일한 것이 아니듯이, 존재자 자체와 그것의 존재 양상인 공을 동일시함은 분명 오류다.

엇입니까?' '개똥 한 조각처럼 쓸모없는 사물에조차도 붓다가 깃들어 있다!' 역사상에는 이 대화에 대해 이토록 당혹스런 해석과 일치하는 견해를 가진 학파들이 있었다. 그리고 일부 불교도들은 이런 해석을 실제로 심각하게 받아들이기도 했다. 그러나 필자는 다음과 같은 이유로 이런 해석을 받아들일 수 없다고 본다. (1) 이 해석은 위에서 지적된 바와 같이 너무도 오류가 많은 추론을 토대로 하는 견해와만 양립가능하고, (2) 이 해석은 붓다에게 그의 연기론이 스스로 부정하는 어떤 본질이 있다고 가정하고 있으며, 또 (3) 내가 보기에 선 전통에서 더 잘 받아들일 수 있을 다른 해석이 있기 때문이다. 이제 선의 내용을 좀 더 자세히 살펴보며 우리에게 주어진 당혹스런 대화를 더 잘 이해하도록 시도해 보겠다.

선 전통에 있어서도 많은 불교도들이 모든 사물에서 각각의 모든 순간순간 공을 보았다. 연기가 바로 존재의 양상이고 붓다를 포함해 모든 것이 공하다. 그래서 공을 이해함이 붓다나 보살과 같은 깨달은 존재자들을 이해함의 열쇠다. 그러나 공을 파악하기 위해 붓다나 보살을 직접 만나 설법을 들어야 할 필요는 없다. 왜냐하면 공은 언제 어디에나 존재하기 때문이다. 어떤 사물도 어느 순간에나 깨달음을 위한 도구로 십분 활용할 수 있다. 단순히 숨을 들이마시고 내쉬면서도 숨쉬기가 그 자체로 공함을 알기만 하면 우리는 깨달음과 열반의 즐거

움을 만끽할 수 있다. 아침을 열심히 잘 먹는 것도 불성을 실현해 내는 행위다. 한 잔의 향기로운 차 속에도, 일단 이해하기만 하면, 붓다들이 가득하다. 형언할 수 없는 보름달의 아름다움에 충격 받아 즉시 깨닫게 될 수도 있다. 그리고 좌선坐禪은 깨달음을 얻게 도와주는 매우 효과적인 방법이다. 선 전통에서의 이 모든 가르침은 다음과 같은 나가르주나의 유명한 구절로 요약될 수 있겠다: 윤회(이 속세에서의 삶)가 바로 열반(깨달아서 고뇌로부터 자유로운 상태)이다. 속세의 삶 자체가 실은 열반의 삶과 동일하다는 것이다. 궁극의 공은 지금 바로 여기에 있다. 그래서 지금 모든 곳에 있는 것들이 다른 모든 것들을 포함하며 깨달음을 품고 있다.

한편 이런 직관과 관련하여 동아시아에서는 문화적으로 무척 매력적인 전통이 생겨나게 되었다. 선의 문화가 공의 관점을 도교道敎의 가르침과 조화시켜 동아시아 사람들이 자연을 사랑하는 마음을 크게 북돋아 준 것이었다. 자연의 구석구석이 붓다로 가득 차 있다면 어찌 누구라도 자연을 사랑하고 소중히 여기지 않을 수 있겠는가? 예를 하나 들겠다. 미국 북동부 뉴잉글랜드에는 오직 소수의 동아시아 계통 사람들이 살고 있다. 그런데 가을에 단풍이 한창일 때 미국에서 단풍이 가장 아름답다는 뉴햄프셔의 화이트마운틴에 가보면 관광객의 태반이 동아시아 계통 사람들인 것을 곧 알아차리게 된다. 이들

은 일 년 중 자연의 아름다움을 만끽할 가장 좋은 기회를 놓칠 수 없기 때문이다. 선의 전통이 세계의 다른 곳에도 일찍 뿌리를 내렸더라면 오늘날과 같은 환경 문제가 훨씬 덜 심각했을 것이다.

그러나 우리는 여기서 조심스럽게 살펴보아야 할 것들이 있다. 선 전통 대부분의 학파들은 단지 모든 존재의 양상이 공의 진리를 보여준다고 해서 개똥 조각과 같은 물체조차 붓다라고 하지는 않는다. 깨달아 붓다가 될 수 있으려면 그 당사자는 의식이 있는 지적인 존재자여야만 한다. 의식이 없는 다른 모든 것들은 깨달음을 위한 도구로는 사용될 수 있을지 모르지만 그것들 자체가 붓다는 아니다. '마법과 같은' 이상한 형이상학으로 상식에 어긋나는 주장을 하지 않으려면, 나는 이것이 우리가 받아들여야 할 올바른 견해라고 생각한다. 개똥이 붓다일 리는 만무하다. 그래서 우리 강의의 첫머리에 소개된 어리둥절한 대화를 이해하려면 다른 해석을 찾아보아야 한다.

선 전통은 그 교육상의 목적으로 흥미롭지만 일견 아리송하고 당혹스런 이야기들을 많이 만들어 내었다. 또 다른 예를 하나 더 들겠다. 선사禪師가 일군의 학생들에게 묻기를, '고요한 연못 위에 달이 비치어 있다. 그것이 물이냐 아니면 달이냐?' 한동안 침묵이 흐른 뒤 한 학생이 대답하기를, '스님, 어젯밤 남쪽 하늘에서 북극성을 보았습니다.' 선사는 '옳거니!' 하고 손뼉을 쳤다. 그러나 우리 모두는 남쪽 하늘에서 북극성을 보는 것이 불가능함을 안다. 그런데 왜 선사는 학생의 엉뚱한 답변을 손뼉까지 치면서 좋아했을까? 이 또한 무척 어리둥절한 대화인데, 선사의 질문은 실은 학생들이 답변을 구하려 정진하게 만들기 위해 일부러 그렇게 고안된 것이다. 이렇게 아리송한 질문들은 전통적으로 공안公案 또는 화두話頭에 속한다고 볼 수 있는데, 나는 이것들을 좀 더 쉽게 '선 수수께끼(Zen riddle)'라고 불러도 무방하다고 생각한다. 학생들은 이런 수수께끼들을 풀려고 몇 년이 걸릴지도 모를 오랜 시간 동안 무척 고통스러울 정도로 노력하게 되어 있다, 역설적이게도 답이 없다는 것이 답이라는 점을 깨달을 때까지!

이제는 서구에도 선 전통에서 마음속의 모든 생각을 털어버리는 좌선의 중요함이 잘 알려져 있다. 마음속에 어떤 특정한 생각을 가지고 그것에 집중하는 것은 모든 생각을 털어버리는 것보다는 상대적으로 쉽다. 그러나 마음속의 모든 생각을 지우는 일은 극히 어렵다. 한번 한 순간이라도 아무것도 생각하지 않으려 해 보라. 우리는 곧 마음을 비우는 일이 무척 어렵다는 것을 체험하게 될 것이다. 그렇지만 언제부터인가 선 전통에서는 진리 그 자체를 파악하고 경험하기 위해서 이 좌선 명상법을 수행해야 한다고 여겨 왔다.

한편 대승, 특히 화엄 전통에서는 연기의 가르침을 우리에게

'모든 것은 그 스스로부터 나올 수는 없어서 다른 모든 것들로부터만 생기生起하고 유지되며 소멸하기 때문에 모든 것이 다른 모든 것들과 서로 철저히 삼투(inter-penetrate)되어 있다'고 가르친다. 모든 것이 다른 모든 것과 필연적으로 상호 연관되어 있으므로 어느 한 사물(또는 사물의 그룹)을 다른 모든 것들과 구분하려는 시도는 불가피하게 붓다의 연기의 가르침에 어긋나게 된다. 이런 시도는 우리의 시야로부터 사물의 실상實相을 가리며, 따라서 진리를 파악하고 이해하려는 우리의 길을 가로막는다.

이제 선 전통에서 침묵의 가치가 그토록 강조되는 이유를 알아보자. 언어는 개념을 사용한다. 그런데 어떤 사물이나 사물의 그룹을 개념화한다는 것은 논리적으로 그것들과 그것들 아닌 것을 차별화差別化함을 의미한다. 그런데 차별화는 존재세계에서 필연적으로 연결되어 있는 사물들의 관계를 단절시키려는 시도가 되기 때문에 우리가 실재의 참된 모습을 뚫어보는 것을 막는다. 예를 들어 설명해 보겠다. 우리가 '인간'이라는 개념을 마음속에 떠올리고 있다고 가정해 보자. 이 '인간'이라는 개념으로 우리가 인간들로부터 차별화하여 구분해 내는 것이 과연 있을까? 실은 너무도 많다. 우리는 존재세계에서 인간인 것들로부터 인간이 아닌 다른 모든 것들을 차별화하여 구분하고 있는 것이다. 이와 같이 우리가 마음속에서 어떤 개념이라도 사용한다면 그것은 필연적으로 분리될 수 없는 존재 세계 전체를 (개념적으로) 분리시켜 버리는 결과를 초래한다. 그러면 우리는 실재의 참된 모습을 볼 수 없게 되고 따라서 우리의 깨달음이 불가능해진다. 이것이 선 전통에서 침묵이 그토록 중요시되는 이유다. 단지 말을 안 한다는 의미에서의 침묵만이 아니라 마음속에서 차별화하는 생각들을 모두 멈춘다는 의미에서의 침묵이다.

진리는 말로 표현될 수 없다. 어떤 말이나 개념의 사용도 차별화를 함축하게 되고 차별화는 존재의 참된 양상인 연기에 어긋나게 되기 때문이다. 이제 우리는 '진리란 무엇입니까?'라는 질문에 붓다가 왜 말없이 꽃 한 송이를 들어 올렸는지 이해할 수 있다. 말로 된 어떤 답변도 말로 표현할 수 없는 진리의 참된 모습을 왜곡시켰을 것이기 때문이다. 붓다는 그저 잔잔히 미소 지으며 침묵했어도 되었겠고, 또는 '차 한 잔 하시게', '새들이 예쁘게 지저귀고 있네' 등과 같이 주어진 질문과는 전혀 관련 없는 답변을 했어도 되었을 것이다. 위에서 논의한 다른 선 수수께끼도 마찬가지로 이해될 수 있다. '고요한 연못 위에 달이 비치어 있다. 그것이 물이냐 아니면 달이냐?' 제대로 된 답변이 불가능한 이 질문은 그 자체로 난센스다. 난센스인 질문에 대해 가능한 유일한 답변은 또 다른 난센스일 뿐이다. 그래서 학생이 '어젯밤 남쪽 하늘에서 북극성을 보았습니다'

라고 했을 때 선사가 옳다고 손뼉을 친 것이다.

그러면 이제 우리가 이 강의를 시작할 때 처음으로 소개한 대화에 주목할 차례다. 선 전통에 있어서 '붓다란 무엇인가?'는 그 자체로 진실을 오도誤導하는 잘못된 질문이다. 불교에서 '붓다'는 종종 진리를 일컫는 다른 이름으로도 쓰이는데, 주어진 질문은 진리가 말로 표현될 수 없음에도 불구하고 진리가 무엇인가에 대한 말로 된 답변을 요구하고 있기 때문이다. 그래서 선사의 답변 '개똥이다!'는 실제로 '난센스'를 의미한다. 서구인이라면 난센스를 의미하기 위해 '쇠똥이다(bullshit)!'라고 했을 텐데, 소와 같은 가축을 별로 키우지 않고 벼농사를 주로 짓고 살았던 한국인이나 중국인에게는 아무래도 쇠똥보다는 개똥이 더 흔해서 개똥을 들먹였을 것이다. 관련된 예로, 어떤 이가 엉터리 소리를 계속 하는 것을 보고 서구인이 그가 '쇠똥 같은 소리(bullshitting)'를 한다고 하면 한국인은 그가 '개소리'를 한다는 식으로 폄하할 것이다. 선禪 전통은 온갖 농담과 유머로 가득하고, 제자들의 교육 목적상 가끔은 상소리나 고함, 심지어는 몽둥이질마저 허용되기도 했다. 많이 웃고 재미있게 놀면서도 깨달을 수 있다면 선은 정말 신나는 가르침이 아니겠는가?

한편 선 전통은 집착을 버리라는 붓다의 가르침을 매우 진지하게 받아들인다. 예를 들어 비록 연기와 공이 불교에서 가장 중요한 가르침이라고 해도 우리는 이 가르침에조차 집착해서는 안 된다. 그래서 모든 것이 본질을 결여해 공하지만, 모든 것이 공하다는 가르침 그 자체도 본질이 없이 공함을 명심해야 한다. 그러나 모든 것이 공하다는 가르침도 공하다는 주장 또한 본질이 없이 공하다. 그리고 모든 것이 공하다는 가르침도 공하다는 주장 또한 본질이 없이 공하다는 주장도 실은 본질이 없이 공하다. 어떤 주장도 본질이 없이 공하다는 이 비판의 과정은 논리적으로 무한히 소급되며 지속된다.

어떤 이들은 이렇게 끊임없이 비판하며 무한히 부정하는 과정 자체가 실은 바로 깨달음과 열반의 과정이라고까지 한다. 선 수수께끼를 하나 더 들어 선 전통이 공의 가르침과 집착을 버리라는 가르침을 얼마나 철저히 받아들이는지 보이겠다. '깨달으려거든 제일 먼저 붓다와 조사들을 죽여라!' 아마도 이것이 선 전통에서도 가장 당혹스럽고 아리송한 수수께끼일 것이다. 그러나 우리는 이제 이 수수께끼를 쉽게 이해할 수 있다. 우리는 붓다나 조사의 가르침에도 집착하지 말아야 한다. 특히 그들의 가르침이 말의 형태를 빌어서 된 것일 때 더욱 그렇다. 그리고 붓다와 조사, 또 그들의 가르침 모두 본질을 결여한 채 공하니 이것들 가운데 그 어느 하나에라도 집착함은 어리석음일 뿐이다.

나는 이 강의 50분 동안 청중에게 선 전통의 무언無言의 가르침을 전하려 했다. 내 강의를 이해한 사람이라면 이제 지금까지 내가 강의한 모든 내용이 실은 본질을 결여한 채 공함을 깨달을 것이다. 말로 표현할 수 없는 진리를 말로 표현해 보았으니까. 그래서 여러분의 깨달음을 위해서는 내가 이 강의에서 말한 어떤 것에도 집착해서는 안 될 것이다.

♧∾

오래 전의 내 강의 경험 소개를 마치자마자 학인스님이 의견을 개진하였다.

"불교에서 남전불교와 북전불교 사이에 차이가 있습니다. 남전불교는 분석과 논리를 중요시하는데, 북전불교는 직관을 더 중요시합니다. 그런데 직관은 문제가 있을 수 있다고 생각합니다."

첫째 날 특강은 '무아'를 주제로 현대서양 분석철학의 방법론을 적용하며 강의를 진행해서 논리와 분석을 중시하는 남전불교의 방식과 비슷한 논의가 이루어졌었다. 그런데 이번에는 북전불교의 선 전통을 논의하다보니, 비록 내가 선을 불교철학적으로 교리를 통해 접근하려고 시도했어도, 아무래도 직관적으로 단박에 깨치는 선의 문화가 남전불교와 대비되어 보였을 것이다. 그래서 나는 이렇게 답했다.

"직관이란 시대와 문화에 따라 상대적일 수밖에 없습니다. 전 세계가 인터넷으로 연결되어 끊임없이 소통하고 있는 21세기 불교의 가르침은 모두가 알아들을 수 있는 방식으로 진행되어야 한다고 생각합니다. 예를 들어 우리가 미국에서 선을 성공적으로 가르칠 수 있다면 세계 어느 곳에서도 전법에 성공할 수 있을 것입니다. 그런 방식을 추구해야겠지요."

내 요지는 선도 불교교리에 바탕을 두고 가르쳐야 한다는 취지였다. 그랬더니 다른 학인스님이 아주 짓궂은 질문을 해왔다.

"철학교수로서 불교를 연구하고 수행하는 장점과 단점은 무엇입니까?"

이 스님은 분명 그 단점이 무엇인지 알고 있으니 내 입으로 그것을 인정하라고 요구하는 것으로 보였다. 젊은 스님의 장난기가 재밌다. 철학을 한답시고 참선 수행을 뒤로 미루고 말로는 깨칠 수 없는 진리를 매일같이 말로 따지고 있으니 깨치기는 다 틀린 거 아니냐는 말이었다. 나는 이 학인스님이 틀렸다고 생각하면서도, 뭐 좀 나이스하고 쿨하게 보이려고, 다음과 같이 답변하며 강의를 마쳤다.

"철학교수로서 직업을 속이지 못해 어딜 가나 워낙 따지고 들다보니 이런저런 불교모임에서 쫓겨나기도 하고 또 스스로 나오기도 합니다. 그렇지만 경전을 읽고 이해하는 데는 여전히 철학이 최고라고 생각합니다."

제7장 /

철학이란 무엇인가

동안거 특강을 마친 후 석 달 후에 통도사승가대학에서 직접 강의하기 위해 귀국했다. 코로나 문제로 교수들의 해외여행을 거의 전면 금지시킨 미네소타주립대학의 주洲정부측 인사들과 이런저런 서류작업을 거쳐 겨우 허락을 얻어 여행경비를 받아 올 수 있었다. 그런데 막상 귀국해 보니 한국 공항에서의 입국절차가 훨씬 더 까다로웠다. 당시는 한국이 세계에서 확진자가 가장 많던 때인데, 그런 한국이 세계에서 입국을 가장 어렵게 만들고 있었던 점이 너무 코믹(?)해서 웃느라고 별로 힘든지도 모르고 복잡한 절차를 모두 통과했다. 그런 며칠 후 KTX를 타고 경남 울산으로 내려와 통도사승가대학에서 마중 나온 학인스님이 운전하는 차를 타고 드디어 양산의 영축총림 통도사로 들어갔다.

내가 강의하기로 되어 있는 설선당說禪堂은 석가모니부처님의 진신사리가 모셔져 있는 금강계단에서 걸어서 불과 몇 분 거리에 있었다. 다음날 아침 강의실에 들어와 보니 내가 미리 보낸 강의 자료가 이미 화면에 떠 있었고, 강의에 필요한 모든 물건들이 더 이상 깔끔할 수 없을 정도로 준비되어 있었다. 칠판도 정말 깨끗하게 닦여 있었다. 마실 거리도 생수 한 병, 따뜻한 차, 그리고 시원한 커피 세 종류가 놓여 있었다. 마이크도 둘이나 준비되어 있었다. 언제나 느끼지만, 나는 우리 한국 불자들의 정성스러움을 따라갈 수 없다. 게다가 이런 준비를 해 준 분들은 학인스님들이니 더 말할 필요가 없다. 시스템으로만 움직일 뿐, 마음을 기울여 정성을 다하지는 않는 미국에서 너무 오래 살아온 탓이다. 학인스님들께서 이렇게 준비를 잘 해 주셨는데 만약 내 강의가 엉터리로 진행된다면 나는 쉽사리 지옥에 떨어지겠다는 생각이 들었다. 이런 위험부담(?)을 안고 나는 다음과 같이 강의했다.

철학이란 무엇인가

이번 첫 강의의 주제는 '철학이란 무엇인가'이다. 차분한 자세로 눈을 빛내고 계신 스님들께 내가 먼저 질문한다.

"스님들은 철학이 무엇이라고 생각하십니까?"

대웅 스님이 답하기를,

"가치의 체계를 말합니다."

옳은 말씀이다. 우리 일상에서 '철학이 있는 사람', '인생철학' 등을 거론할 때 우리는 흔히 어떤 사람이 뚜렷한 가치관을 가지고 삶을 산다는 것을 의미한다. '철학이 있는 사람'이란 주로 칭찬의 표현이다. 철학에서는 윤리학 또는 도덕철학이 그런 가치체계를 다룬다. 그런데 '가치의 체계'가 철학의 전부일까? 관음 스님이 다른 답을 내놓는다.

"인식능력과 그 구조에 대한 연구도 철학입니다."

이론철학의 두 기둥 가운데 하나인 인식론이 철학 연구의 중요 분야임을 곧장 지적한 것이다. 옳고 또 옳다. 거기에 더해 나는 존재세계를 가장 근본적으로 연구하는 형이상학 내지 존재론도 또 다른 하나의 기둥이 되는 분야임을 덧붙인다. 철학에서 가장 중요한 세 분야인 도덕철학, 인식론, 그리고 형이상학이 불과 몇 분 동안의 토론으로 모두 거론된다. 언제나 반복적으로 경험하지만, 주고받는 질문과 답변을 통해 우리는 참으로 많은 것들을 알고 깨달을 수 있다.

불교와 철학

그런데 승가대학에서 진행되는 철학 강의이다 보니 아무래도 불교와 철학의 관계에 대해 논의하지 않을 수 없다. 불교와 철학은 과연 서로 어떤 관계에 있을까. 내가 스님들께 질문한다.

"불교는 철학입니까?"

만약 불교가 철학이라면 불교가 철학에 포함되거나 불교와 철학이 동일하다는 말인데, 이 점에는 스님들뿐만 아니라 일반인들도 동의하지 않을 것이다. 불교에는 고유의 수행문화를 비롯해 불교미술이나 건축 등 철학이 가지고 있지 못한 수많은 다른 멋진 분야들이 포함되기 때문이다. 그러나 반대로 철학이 불교의 일부라고 볼 수도 없다. 서양철학자들은 자기들의 철학이 불교의 가르침과는 다르다고 주장할 것이며, 현대철학의 수리논리학이나 과학철학 등을 불교가 포함하고 있다고 보기도 어려운 것이 사실이다. 그렇다고 불교와 철학이 전혀 동떨어져 있어서 서로 아무 상관이 없다고 볼 수도 없다.

그런데 우리는 위에서 불교와 철학 사이에 가능한 관계를 모두 나열했는가? 반야 스님이 말했다.

"그렇지 않습니다. 불교와 철학이 일부만 겹칠 가능성이 있습니다."

나는 반야 스님의 답변이 옳다고 생각한다. 진리를 궁구하는
불교와 철학은 어느 정도 공유하는 부분이 있지만 그 나머지
부분은 서로 충분히 다르기 때문에 이 둘은 포함 관계 또는 동
일성 관계로 이해할 수 없다.

'철학'의 어원은 '지혜 사랑'

'철학'의 서양언어의 기원은 'philosophia'로서 이는 'philein
(사랑하다)'와 'sophos(지혜)'가 결합되어 생긴 말이다. 말하자
면 '지혜에 대한 사랑'이 철학이다. 평생 철학을 업으로 살고
있는 나이지만, '지혜에 대한 사랑'이라는 근사한 풀이는 언
제 들어도 기분이 좋다. 그런데 여기서 'sophos(지혜)란 무엇
인가?' 워낙 뜬금없는 나의 이 질문에 스님들이 답하기를 망설
인다. 그래서 나는 지혜와 유사하지만 다르면서도 답변하기는
조금 더 쉬운 지식이 무엇인가를 살펴보자고 제안했다. '지식
(knowledge)이란 무엇인가?' 먼저 설선 스님이 말했다.

"지식이란 세상의 사실들에 관한 정보입니다."

이 답변도 옳은 말이다. 철학에서는 지식의 정의定義를 놓고

논란이 분분하지만, 일반적으로 우리는 사실에 대한 정보의 습득을 지식의 축적으로 이해한다. 그렇다면 지식과는 달라 보이는 지혜를 어떻게 이해해야 좋을까? 이어서 금강 스님이 말했다.

"지식은 바깥 세상에 대한 문제이고, 지혜는 내면에 관한 것입니다."

이 또한 상식적으로 옳다. 우리는 어떤 지식이 우리 속에 내면화되어 삶과 행동에 올바로 반영되어야 지혜로워진다고 믿기 때문이다. 단지 머리로 아는 것만으로는 안 되고, 반드시 내면화되어 실천으로 이어져야 지혜다. 아, 그런데 내면의 문제가 언급되었으니, 나는 잠깐 우리 논의의 본론에서 벗어나 철학 퀴즈를 하나 풀어보자고 제안했다.

철학 퀴즈 하나

"우리의 내면세계와 우리 밖 세계를 한 번 구분해 보겠습니다. 우리 뇌의 안쪽은 우리의 내면에 속하는 세계입니까 아니면 우리 밖의 세계입니까?"

선열 스님이 답하기를,

"둘 사이의 경계입니다."

참 재미있는 답변이다. 안이라고도 또 밖이라고 하기도 좀 곤란해 보이는 질문이니까 그 둘을 피해 영리한 답을 택했다. 그렇지만 이렇게 여러 선택지 가운데 하나를 뽑아야 할 경우 나는 반 전체에 투표를 제안한다. 진리가 다수결로 결정되는 것은 아니지만, 한 반 학생들의 의견이 어떻게 나뉘는가를 확인하는 일은 언제나 흥미롭다. 나는 이 투표를 진지하게 여기기를 기대하며 다음과 같이 제안했다.

"스님들께서는 단 한 번만 손을 드셔야 합니다. 두 번 드시면 지옥에 가고, 또 잘못된 답에 손을 드셔도 지옥에 떨어집니다."

이렇게 약속(?)을 하고 투표를 진행해 보니, 뇌가 내면세계에 속한다는 답이 약 25%, 바깥세계라는 스님들이 25%, 그리고 경계라는 스님들도 25% 정도였다.

"답은 '외면세계에 속한다.'입니다. 나의 내면세계는 나 스스로에 의해서만 접근 가능한데, 나의 뇌는 뇌수술을 하는 의사에게 수술의 대상으로 접근되기 때문에 나의 내면이 아니라 바깥 세상에 속합니다. 그래서 이 반에서 25%의 스님만이 지옥행을 면하셨습니다. 아, 한 번도 손을 안 드신 25%의 스님들은 자동으로 지옥행입니다. 그런데 실은 스님들께 이렇게 고약한 투표를 제안한 제가 가장 먼저 지옥에 갈 겁니다.”

다시 지혜의 문제로

내가 제안한 엉터리 투표와 그 해석에 한바탕 웃으며 기분전환을 한 다음, 다시 원래의 '지혜의 문제'로 돌아갔다. 축적된 경험이 내면화되어 실천을 통해 지혜가 드러난다는 점에는 많은 이가 동의한다. 그런데 동서양을 막론하고 어떤 종류의 심오한 지식에는 '지혜'라는 말을 붙여주기도 한다.

“나가르주나의 『근본중송』은 경험의 내면화 또는 실천과 직접적으로 연관되어 있지는 않지만 존재세계의 가장 깊은 진리를 캐는 작업으로 이루어져 있습니다. 만물이 공空하다는 점을 논의하며 인과因果를 비롯해 사물이 존재하는 가장 근본적인 모습을 논의합니다. 우리는 이런 심오한 논의를 지식의 영역으로 보기보다는 지혜의 영역으로 간주합니다. 그래서 우리는 '지혜로운 나가르주나보살'이라는 표현을 쓰지 '지식이 충만한 나가르주나'라는 식으로 묘사하지 않습니다."

존재를 꿰뚫는 심오한 지식은 지식의 차원을 넘어 지혜의 영역에 해당된다는 나의 말에 학인스님들은 대부분 고개를 끄덕이며 동의의 표시를 보내준다. 신난다. 그러면서 나는 한 걸음 더 나아가 지혜는 비판적 작업을 포함한다는 점을 소개하며 다음과 같이 질문했다.

"플라톤과 아리스토텔레스와 함께 역사상 가장 위대했던 서양 철학자 셋 가운데 하나라는 독일의 철학자 칸트가 『순수이성비판』, 『실천이성비판』, 그리고 『판단력비판』을 저술하며 비판철학을 완성했다고들 합니다. 그런데 여기서 비판이란 무엇일까요?"

서양철학을 전공한 사람이 아니면 답변할 수 없는 질문이지만, 학인스님들을 조금 골려 주의를 집중시키려고 고의로 던진 좀 못된(?) 물음이었다. 내 작전이 성공했다. 궁금해진 스님들은 눈을 더 빛내기 시작했다.

"수학은 수數를, 그리고 과학은 자연세계를 연구합니다. 칸
트의 철학은 수와 자연을 직접 연구하지는 않습니다. 그 대
신 칸트는 수와 자연을 연구하는 수학과 과학이 진정한 진
리의 탐구영역인 이유를 수와 자연세계를 향하는 우리의
인식능력과 구조를 탐구함으로써 밝히려 했습니다. 그 철
학적 작업결과가 『순수이성비판』이었습니다. 다시 말해 칸
트는 자연세계 자체가 아니라 자연세계를 연구하는 우리의
인식체계를 연구하는 일이 철학의 임무라고 보았고, 그런
작업의 성격을 '비판적'이라고 표현했습니다. 도덕실천과
관련된 『실천이성비판』과 미학적美學的 판단과 관련된 『판
단력비판』도 모두 마찬가지 선상에서 이해합니다."

그러면서 나는 일반적으로 '참이라는 어떤 주장을 그대로 받
아들이지 않고 그것이 참인 이유와 근거를 따지고 파헤치는
작업이 비판적 작업이고, 이것이 철학의 임무'라고도 덧붙였
다. 철학이 지혜에 대한 사랑이라면 이러한 '비판적 작업'에 대
한 사랑이기도 할 것이다.

존재와 사유에 대한 비판적 탐구
철학은 흔히 '존재와 사유에 대한 가장 깊고 포괄적인 통찰'이
라고들 한다. 유럽 대륙철학에 영향 받은 사람들이 좋아하는

19세기 스타일의 시적詩的 표현인데, 정교하고 엄밀한 첨단과학기술로 대표되는 21세기에 큰 호응을 얻기에는 좀 너무 두루뭉술하다는 느낌을 준다. 그래서 나는 학인스님들에게 질문을 던졌다.

"우리가 사는 시대에 우리가 접하는 대상으로서의 존재세계에 관한 가장 믿을 만한 연구 결과를 내 놓는 분야는 무엇이라고 보십니까? 철학이나 종교는 아닌 것 같기도 합니다만."

잠시 침묵이 흐른 후 서운 스님이 답했다.

"과학입니다."

옳은 말이다. 21세기를 사는 우리는 존재세계에 대한 연구에 있어서 철학이나 종교보다는 과학적 연구방법론에 의존하고 또 자연스럽게 과학자들의 연구결과에 주목하고 그것을 이용한다.

그런데 내 의식의 바깥에 있는 존재세계에 대한 연구는 그렇다 치고, 내면에서 진행되는 '사유'라는 손에 잡히지도 않는 이 녀석은 또 어찌 연구해야 옳을까? 학인스님들께 질문 드려 토론과 답변을 유도해야 하지만, 강의시간인 두 시간이 다 되어가서 어쩔 수 없이 먼저 내가 생각하는 바를 말씀드린다.

"사유를 어떤 붕 뜬 기분에서 추상적이거나 시적으로 연구할 수는 없습니다. 그 대신 가장 포괄적이면서도 분명하게 드러나는 사유의 결과물인 우리 언어와 그를 뒷받침하는 논리의 원리를 연구함으로써 그 근원이 되는 사유의 본질을 드러낼 수 있겠습니다. 손에 잡히지 않는 사유를 손에 잡히는 방법을 통해 연구하자는 것인데, 이것이 20세기부터 영어권 철학자들이 선택한 사유에 관한 연구방법론입니다. 다음 강의부터는 우리도 이렇게 사유에 대해서 '손에 잡히는 분명하고 엄밀한' 연구를 진행해 나가 보겠습니다."

우리는 이렇게 오늘날 대상으로서의 존재세계에 관한 가장 믿을 만한 연구결과를 내 놓는 작업이 과학이라고 동의했다. 과학연구의 결과물도 구체적으로는 과학이론으로 표현되고 제시된다. 그런데 이 과학이론 역시 언어로 표시될 수밖에 없다. 예를 들어, 과학 학술지에 실리는 논문들은 모두 언어로 쓰여 있다. 수학을 많이 사용한다고 하지만, 수학도 결국 수학적 언어로서 포괄적인 언어체계의 일부에 해당된다. 그래서 사유뿐 아니라 대상으로서의 존재세계에 관한 연구도 결국 언어로 이루어지기 때문에, 우리의 언어와 그 기반을 이루는 논리에 대한 날카로운 비판적 작업이 오늘날 철학자들의 주된 임무의 하나다. 이것이 비판적 작업에 몰두하는 철학자들이 지혜를 사랑하는 현대적 방식이다. 뜬구름 잡는 듯 붕 뜬 방식으로 해도 철학이라는 소리를 듣던 구시대는 이미 오래전에 지났다.

문자로는 깨칠 수 없다는 불립문자不立文字를 표방하며, 말을 하려고 입을 벌리는 순간 오류에 빠지며(開口卽錯) 한 생각이 일어나는 즉시 어그러진다고(動念卽乖) 가르치는 선문禪門의 전통은 우리의 언어와 그 바탕인 사유의 한계에 대해 극히 비판적 태도를 견지하고 있다. 위에서 논의한 대로 이런 비판적 태도가 지혜에 대한 사랑이라면, 우리의 선적禪的인 자세는 존재와 사유에 대한 철학적 태도와 다름이 없겠다. 그렇지만 철학을 업으로 삼고 사는 나는 학인스님들에게 당부에 가까운 조언을 드렸다.

"언어와 논리의 한계를 초월하는 선을 수행하시는 스님들께 경의를 표합니다. 그런데 일단 언어와 논리가 구체적으로 어떤 한계를 가지고 있는가를 잘 살펴보시고 또 그 한계를 초월해야 하는 이유가 무엇인가를 분명히 검토하신 다음에 그 한계를 넘어 나아가시는 것이 더 재미있고 좋지 않을까요?"

강의 두 시간 동안 내가 전개하는 논점들에 대부분 미소로
화답해 주던 스님들이 이번에는 겨우 반 정도만 웃음을 보여
주었다. 그다지 동의하지 않는다는 눈치다. 복잡하고 까다롭
기만 한 개념적인 비판 작업을 모두 한꺼번에 뛰어넘어 단숨
에 최상승最上乘의 선禪에 들어갈 수 있는데, 무엇 때문에 이런
번거로운 철학적 논의에 시간을 낭비하는 어리석음을 범해야
하는가라고 대꾸하는 듯하다. 앉으나 서나 자나 깨나 철학을
하는 나는 그런 논의가 재미있어 죽겠는데, 스님들 가운데 많
은 분은 그것이 번거롭기만 한 불필요한 일이라고 여기는 것
같다. 앞으로 남은 아홉 번의 강의 동안 어떻게 해야 내가 좋아
하는 이 둘도 없는 재밋거리를 더 많은 스님들과 나눌 수 있을
까를 고민하게 된다.

제8장

부정否定의 방법

우리 일상에서 어떤 사람의 성격이 '부정적否定的'이라는 말은 그 사람의 성품에 대한 안 좋은 평가의 의미로 쓰인다. 이 말은 그가 이런저런 일에 적극적으로 임하지는 않으면서 오히려 일이 안 되는 쪽으로만 생각한다는 뜻으로 이해된다. 모든 일을 긍정적으로 해석하기를 좋아하는 미국인들이라면 함께 앉아 점심식사조차 같이 하려 하지 않을 사람이다. 그런데 '부정적'이라는 것은 '비판적'이라는 말과는 그 의미가 전혀 다르다. 어떤 주어진 사안을 비판적으로 본다는 것은 그것을 맹목적으로 받아들이는 것이 아니라 그것의 옳고 그름을 따져본다는 뜻에 가깝다. 요즘같이 남의 말 쉽게 믿다가는 바보 되기 쉬운 세상에서 더욱 필요한 태도일지도 모르겠다. 그래서 미국인들은 부정적인 사람은 좋아하지 않지만 비판적인 사람은 가까이 두려 한다.

'부정(negation)' 또는 '부정적(negative)'이라는 말은 자비심이 깃든 언어만을 사용해야 할 불자들이 다른 사람에 대해 적용하기를 원치 않을 표현이다. 그런데 아이러니컬하게도 이 듣기 불편한 '부정'이라는 단어에서 좋고 나쁘다는 가치판단을 제거하고 그 개념을 순수하게 논리적으로만 이해해 본다면, 부정의 방법(the way of negation)은 실은 여러 종교의 가장 심오한 가르침을 이해하는 데 반드시 필요한 논리적 도구다. 특히 불교의 주요한 교리는 모두 부정적인 개념들(negative concepts)로 이루어져 있다.

불교 이전부터 오랫동안 인도에 존재했던 바라문교는 우주의 존재적 근원 및 원리는 너무도 위대해서 언어로는 표현할 수 없다고 판단했다. 놀랍게도 수천 년 전에 완성된 그들의 성전인 베다에 이미 이런 통찰이 포함된 구절들이 발견된다. 예를 들어, 우주의 근원이 어떤 특정 색깔을 가진다면 그 근원은 그 색깔을 가져야 한다는 점에서 그 위대함이 제한될 수밖에 없다. 그러나 무한히 위대한 이것은 그 어떤 면에서도 위대함이 제한될 수 없다. 그러므로 이 우주의 근원은 색깔이 없어야 한다. 어떤 모양도 가져서는 안 된다. 특정한 모양에 갇혀 있어서는 무한히 위대할 수 없겠기에 그렇다. 기독교에서는 인간이 신의 모습과 닮게 창조되었다고 하여 신이 인간과 비슷한 형상을 가지고 있다고 보지만, 바라문교는 이 우주의 근원은 어떤 특정한 모양도 없다고 판단한다. 이것은 가계족보도 없고, 또 시공간의 제약도 받지 않는다.

서양철학과 서양종교의 신학은 신의 위대성에 대해 위 단락의 내용까지만 논증을 전개하는데, 바라문교는 그보다 한 걸음 더 나아간다. 바라문교에서는 어떤 존재도 우주의 근원이 될 수 없다고 주장한다. 왜냐하면 어떤 존재든지 그 이전의 존재로부터 나왔을 것이고, 이 존재는 또 그것 이전의 존재로부터 왔을 것이므로 존재의 근원을 찾는 과정은 무한히 소급될 수밖에 없기 때문이다. 그러나 이런 무한 소급은 이론적으로 허용될 수 없다. 한편 존재가 우주의 근원이 될 수 없다고 해서 비非존재가 우주의 근원이 될 수도 없다. 왜냐하면 어떤 것도 무無로부터 나올 수는 없기 때문이다. 그래서 우주의 근원은 존재도 아니고 비존재도 아니다. 그것은 존재와 비존재를 초월한 어떤 무엇이다.

위와 같이 말로 표현할 수 있는 모든 것을 부정하고 남겨진 그 어떤 무엇을 바라문교는 '브라만'이라고 불렀다. '브라만'은 어떤 의미가 있다기보다는 그저 말로 표현할 수 없는 이 무한히 위대한 것을 지칭하기 위해 편리하게 선택된 단순한 이름으로 받아들여야 옳다. 아무 의미 없는 이름이니까 임의로 'XYZ'라고 불렀어도 무방했을 것이다. 서양의 자연신학도 기본적으로 바라문교와 같은 부정의 논리(*via negativa*)를 이용해 그들의 신을 이해한다. 자연신학이란 기독교나 이슬람과 같은 특정 종교에 대한 신학이 아니라, 정상적인 이성을 가진 합리적인 사람이라면 동의할 방식으로 연구하는 신과 종교에 대한 학문이다. 바라문교와 자연신학은 모두 부정의 방법을 통해 남겨져 가리켜지는 브라만이나 신의 실재實在와 그의 무한한 속성을 인정한다. 너무도 위대한 무엇인가가 존재하는데, 그 것의 무한한 속성은 감히 말로 표현할 수 없다는 것이다.

불교도 부정의 방법을 이용하며 세계와 우리의 삶에 관한 가르침을 펴 왔다. 그런데 한 가지 반드시 유의해야 할 점이 있다. 불교는 이렇게 부정적인 접근방식으로 도달한 진리가 보여주는 것의 실재나 자성自性의 존재를 인정하지 않는다는 것이다. 이것이 불교와 다른 종교와 철학을 구분해 주는 가장 근본적인 차이다. 밑에서 더 설명하겠다.

이번 강의에서는 여기까지 좀 장황하게 설명한 후 학인스님들에게 질문했다.

"부정의 방법이 신학적으로 그리고 철학적으로 무척 중요하다는 점을 알게 되었습니다. 그런데 '부정(否定, negation)'은 어디에 존재하나요? 우리는 그것을 어디에서 찾아 가져다 쓰고 있습니까?"

부정 자체의 소재所在를 알려달라는 나의 짓궂은 질문에 침묵만이 흘렀다. 나는 물론 그럴 줄 알았다. 이 질문은 실은 서양철학을 전공한 사람이 아니라면 제대로 답할 수 없는 것인데, 나는 스님들의 기분을 전환하고 주의를 환기시켜 주기 위해 또 다시 고의로 당혹스런 질문을 한 것이다. 나는 미국에서 학생들을 가르칠 때 농담과 장난 없이는 강의를 못하는데, 통도사승가대학에서 강의한다고 해서 제 버릇 어디 가겠는가. 그래도 강의 첫 주부터 스님들에게 나의 이런 강의 스타일을 미리 말하고 양해를 구하는 최소한의 예는 갖추었다.

서양 철학사에서 18세기 독일의 칸트와 20세기 영국의 비트겐슈타인은 부정(negation)의 개념에 해당되는 대상은 이 세상에 존재하지 않는다고 주장한다. 옳은 말이다. 이 세상을 아무리 뒤져보아도 부정 그 자체를 찾아낼 수는 없다. 그 이유는 부정의 개념이 우리가 세계에 대한 경험을 구성하기 위해 사용하는 논리적 장치로서, 우리 인식능력이 만들어 사용하는 도구에 불과하기 때문이다. 말하자면 그것은 세계에 실제로 존재하는 것이 아니라, '그리고', '또는', '만약'과 같이 우리가 인식내용을 구성하는 데 사용하는 여러 개념적 또는 논리적 장치의 하나이다. 그래서 '부정'이라는 논리적 도구에 실재성實在性을 부과한다면 심각한 철학적 오류, 즉 실재화의 오류(fallacy of reification)를 범하게 된다.

일반의 상식과는 좀 떨어진 논의를 진행하느라 노파심에 한 번 확인하고자 스님들에게 물었다.

"'그리고', '또는', '만약', '아님'이라는 말에 해당되는 것을 이 세계에서 찾을 수 있겠습니까?"

학인스님들은 그럴 수 없다고 동의하였다.

한편 영어의 'nothing', 'none', 'nobody'와 같이 부정의 개념을 내포하고 있는 단어는 동아시아 언어로 한 단어로는 번역이 잘 안 되고, 또 그러다보니 우리로서는 이런 개념에 대한 직관적 이해도 쉽지 않다. 예를 들어, 영어권 사람은 직관적으로 이해하는 'Nothing can come out of nothing.'이라는 문장을 살펴보자. 이것은 서양고대 희랍철학 시기부터 받아들여져 온 잘 알려진 명제인데, 한국어로 번역하기는 무척 까다롭다. 한국의 서양 고대철학 전공자가 영어로 된 책 한 권을 다 번역해 놓고도 이 문장을 번역하지 못해 곤란해 한 적도 있다. 당시 미국에서 대학원생이던 내게까지 이 문장이 전해져 내가 '아무것도 무無로부터 나올 수는 없다.'고 번역해 준 기억이 있다. 외국어로 공부하기는 역시 어렵다. 그런데 놀랍게도 통도사승가대학 학인스님들의 20% 가까이가 이 문장을 제대로 번역해 내었다. 어느 주말에 내가 메신저로 스님들 모두에게 이 영어 문장을 번역해 보라고 숙제를 냈는데, 강의에 들어오는 여러 스님들이 번역을 잘 해서 제출하였다. 이렇게 한국 스님들은 가끔 나를 놀라게 한다.

동아시아는 언어체계가 다르다보니 부정의 개념이 들어가 있는 불교의 가르침을 우리가 직관적으로 이해하기 쉽지 않다. 예를 들어 인도유럽어 계통의 산스크리트어인 'nirvana'에는 '(번뇌의) 불길이 꺼짐'이라는 부정의 개념이 들어가 있는데, 동아시아 언어로는 직역이 잘 안 된다. 그러다보니 하는 수 없이 음차音借로 '열반涅槃'이라고 번역할 수밖에 없었다. 그런데 이런 부정의 개념은 열반 안에 어떤 긍정적인 것의 존재를 함축하지 않는다. 어떤 굉장한 쾌감이나 신비한 경험 또는 초능력의 획득 같은 내용이 전혀 포함되지 않는다. 열반은 단지 '고통이 존재하지 않는 상태'만을 의미할 뿐이지, 그런 상태 안에 어떤 신비로운 의식이나 새로운 능력이 생겨난다고 주장하지 않는다. 실은 경전에 의하면 이런 굉장한(?) 경험을 열반의 체험으로 간주하며 자랑하는 수행자들은 승가에서 쫓겨나도록 되어 있었다. 열반은 단지 고통이 존재하지 않는다는 것일 뿐이다. 그게 전부다.

열반뿐 아니라 붓다의 다른 기본 교리 또한 부정의 방법을 통한 개념으로 형성되어 있다. 붓다의 무아無我는 바라문교에서 말하는 진정한 자아나 참나 또는 서양종교에서 말하는 영혼 같은 것의 존재를 부정하는 개념이다. 붓다는 아뜨만(我)이 없다는 '무아'로 참나의 존재를 부정하지만, 그렇다고 해서 다른 어떤 불변불멸의 새로운 존재를 도입해 아뜨만의 빈자리를 채우지 않는다. 아뜨만의 존재를 부정하고, 그렇게 부정된 상태로 남아 있는 것 자체가 우리가 존재하는 모습에 대한 진리이다.

불자가 아니더라도 누구나 한 번쯤은 들어보았을 법한 대승불교의 대표적 주장인 공(空, emptiness) 또한 '자성이 없음'이라는, 즉 자성의 존재를 부정하는 개념이다. 존재하는 어떤 사물도 스스로 존재할 수 없어서 그것을 그것으로 만들어주는 고정불변의 고유한 본성이 존재하지 않는다는 철학적 진리가 바로 공의 가르침이다. 그런데 대승의 공은 단지 자성이 없다는 말인데, 일부 전통에서 공을 마치 어떤 신비한 속성을 가지고 실재하는 무엇이라고 오해하고 그렇게 주장한다면 참 곤혹스러울 수밖에 없겠다. 진공묘유眞空妙有와 같은 주장은 참된 공이 묘하게 존재한다는 주장인데, 나는 이 또한 동아시아 언어를 사용하는 사람들이 부정적 개념인 '공(emptiness)'의 논리적 성격을 직관적으로 파악하기 어려워서 생긴 문제의 하나라고 본다.

붓다는 교리뿐 아니라 수행에 있어서도 부정의 방법을 사용했다. 주지하듯이, 수행론으로서의 붓다의 중도中道는 쾌락주의와 금욕주의 양극단을 모두 부정하는 가르침이다. 악기의 줄이 너무 느슨하거나 팽팽하면 소리를 제대로 내지 못하거나 줄이 끊어질 수도 있기 때문에 원하는 음에 따라 적당한 장력

을 유지해야 한다. 깨달음에 이르려는 수행도 마찬가지로 모자라거나 지나치지 않도록 적절하게 중도를 따라야 한다는 멋진 통찰이다. 그리고 대승 전통 중관中觀학파의 중도는 사물이 고정불변의 자성을 가지고 실재한다는 상주론常住論과 아무것도 존재하지 않는다는 단멸론斷滅論의 양극단을 모두 부정하고 있다. 사물은 불변불멸하지는 않지만 그래도 조건에 의해 생성·지속·소멸하면서 우리에게 현상(幻)으로 다가오기 때문에 존재하지 않는 것도 아니다. 이것이 존재론과 관련된 중관의 중도론이다.

그런데 나가르주나가 그의 『근본중송』에서 선언했듯이, 공은 붓다의 연기緣起의 가르침으로부터 나왔다. 연기란 만물이 조건에 의해서만 생성·지속·소멸하기 때문에 어떤 것도 스스로 존재하지 못한다는 것으로, 근본적으로 부정의 개념이다. 스스로 존재하지 못하니 스스로의 속성 즉 자성도 가질 수 없다. 그래서 연기는 자성의 존재를 부정하는 개념이기도 하다. 불교 이전의 바라문교에서는 우주의 근원이자 원리인 브라만과 진정한 자아인 아뜨만을 아무런 조건에도 의지하지 않고 스스로 존재하는 불변불멸의 영원한 존재로 가르쳤다. 서양종교식으로 말하자면 신과 영혼은 스스로 존재하는 실체이며 말로 형용할 수 없는 굉장한 본질을 가지고 영원히 불변하고 불멸한다는 것이다. 그런데 붓다는 만물이 조건에 의해 생멸한다는 연기와 그 연기에 의해 끊임없이 변한다는 무상無常을 설파하며 브라만(신)과 아뜨만(영혼)과 같은 절대적인 것들의 존재를 부정했다. 누구나 신과 영혼의 존재를 믿고 있었을 붓다 당시의 사람들에게 붓다의 부정의 가르침이 얼마나 혁명적으로 비춰졌을까는 상상하기조차 어렵다.

여기까지 논의가 진행되었을 때 다정 스님이 질문했다.

"혹자는 우리 인간에게는 뭔가 붙잡고 매달리며 의지할 것이 필요하기 마련인데, 불교가 이렇게 부정의 방법을 사용하며 그런 것의 존재를 모두 부정한다면 불교의 가르침은 우리가 삶을 살아가는 데 있어서 오히려 길을 잃게 만드는 것이 아니냐고 반문할 수도 있지 않겠습니까?"

나는 스님이 이런 의문을 가지고 있어서 질문을 한 것이 아니라, 만약 일반인이 이런 질문을 하면 어떻게 답변해야 하는가를 함께 생각해 보자고 질문의 형태로 제안한 것으로 받아들였다. 그래서 다음과 같이 답해 주었다.

"이런 의문은 일리가 있고, 또 일반인의 이런 염려가 이해가 가기도 합니다. 그러나 스님들과 제가 잘 알고 있듯이, 붓다가 부정의 방법을 사용하고 또 그 방법을 통해 가리켜진 것의 실재와 속성을 인정하지 않았다고 해서 불교가 이 세상에 아무것도 존재하지 않는다고 가르치는 것은 결코 아닙니다. 불교는 단지 수행에 있어서의 양극단과 존재론의 양극단을, 그리고 고정불변한 자성의 실재를 부정할 뿐입니다.

불교의 주요 교리인 열반, 무아, 공, 중도, 그리고 연기의 가르침은 모두 근본적으로 부정의 개념으로 되어 있습니다. 그러나 그렇다고 해서 이 세상 모든 존재가 완전히 소멸되어 있다는 것은 결코 아닙니다. 열반에 이르러 번뇌의 불길이 꺼져 있어도, 우리는 예전처럼 일상을 살아갑니다. 다만 전에는 괴롭던 번뇌가 없어져서 이제 사는 맛이 제대로 나서 좋기만 할 뿐입니다. 모든 것이 꺼져 없어져버려서 열반이 아니라, 단지 번뇌의 불길만 꺼졌다는 것이 열반입니다. 불변불멸의 영원한 자아는 존재하지 않아도 우리는 몸과 네 가지 종류의 의식, 즉 색수상행식色受想行識 오온五蘊이 모인 집합체로서 그럭저럭 한평생 잘 살아갑니다. 만물이 공해 자성이 없어도, 그것들은 가假, 환幻, 또는 현상現象으로 묘하게 잘도 존재합니다. 아주 없는 것이 아니라, 무상한 모습으로 잠시 존재하는 현상으로 우리에게 다가와 함께 있습니다. 수행법과 존재론에서는 양극단을 부정함으로써 얻어지는 중도의 길이 또 있습니다. 그리고 우리 세계는 만물이 끊임없이 연기하는 덕분에 온갖 현란한 현상들이 신나게 펼쳐지는 곳입니다. 이런 신나는 곳에서 한바탕 잘 놀다 가는 것이 우리의 삶이 아니겠습니까. 이렇게 잘 노는데 뭐 하러 붙잡고 매달리고 의지할 것을 찾으려 하겠습니까.”

나의 조금은 장난기 어린 답변에 학인스님들이 미소로 화답해 주었다. 서로가 이미 서로의 마음을 헤아리고 있었으면서도 말로 풀어놓아 한 번 더 확인하는 수고를 했으니 미소로 답례한다는 의미였다. 역시 또 신난다.

제9장

데카르트의 이 뭐꼬

철학은 모든 것을 비판하고 의심한다. 통도사승가대학에서 진행한 내 강의의 첫째 주제도 철학은 근본적으로 비판적 작업이라는 것이었다. 의심하고 파헤쳐 질문하기 좋아하는 사람들이 철학을 한다. 철학은 다른 연구 분야의 가장 기본 전제조차 따져 묻는다. 물리학에는 그 이론의 구조적 성격에 대해 질문하고, 생명과학에는 생명현상의 의미를 캐묻는다. 그래서 간혹 물리학자나 생물학자보다 철학자가 물리학과 생물학의 속성에 대해 더 분명한 이해를 가지는 경우도 있다. 철학은 스스로의 학문적 성격에 대해서도 끊임없이 의심한다. 태생적으로 '이 뭐꼬'의 작업이다. 나는 가끔 위대한 철학자는 전생에 분명 '이 뭐꼬' 화두를 들었던 선사禪師였을 거라고 우스갯소리를 하는데, 서양에서 '이 뭐꼬'로 가장 크게 떨칠 수 있었던 철학자는 17세기 프랑스의 데카르트다.

　　"스님들은 '나는 생각한다. 그러므로 나는 존재한다.'고 주장한 철학자가 누구인지 아십니까?"

강의 시작과 동시에 던져진 느닷없는 내 질문에 학인스님 대부분이 잘 알고 있다는 듯 미소 지으며 고개를 끄덕인다. 역시 산중의 스님들에게도 잘 알려진 데카르트는 철학계의 슈퍼스타다. 이번 강의에서 나는 데카르트의 이 유명한 명제가 실은 서양철학적 한계와 결점을 가지고 있다는 점을 밝히는 데 주력할 것이다.

데카르트는 아무런 의심의 여지없는 명석하고(clear) 판명한 (distinct) 인식을 바탕으로 절대불변의 진리를 찾아 그 위에 모든 지식의 체계를 처음부터 새로이 세우고자 했다. 참으로 거대한 지적 작업의 시도였는데, 뻔뻔스럽게도(?) 그는 아무 발품도 팔지 않고 그냥 팔걸이 안락의자(armchair)에 편히 앉아 명상을 즐기며 그의 철학적 사유를 진행했다. 좀 성의 없어 보일 정도였는데, 이런 방식으로 편히 앉아 자기 머리로만 하는 철학을 '팔걸이의자 철학(armchair philosophy)'라고 부르게까지 되었다. 그렇지만 그는 당대 최고의 수학자이자 물리학자이기도 했기 때문에 경험적 접근이 필요한 자연세계에 대한 지식이 없었던 사람은 결코 아니다. 예를 들어, 데카르트는 우리가 고등학교 때 배우는 해석기하학(analytic geometry)을 발명했고, 또 뉴턴 이전 당대 유럽 최고의 물리학자였다.

자신이 당대 최고의 지식인임을 확신했을 법한 데카르는 절대불변의 진리를 찾아내고자 그가 가지고 있던 기존의 지식 하나하나에 대해 그것이 정말 확실히 믿을 만한 것인지를 철저히 의심하고 비판해 보려 했다. 말하자면, '이 뭐꼬' 화두를 질끈 깨물고 그가 그때까지 지니고 있던 지식에 붙여진 '불변의 진리'라는 모든 상相을 완전히 부수고 걷어내려 했다. 데카르트의 방법론적 회의懷疑를 여기까지 소개하고 나는 스님들에게 간단한 퀴즈 하나를 냈다. 기분 전환도 할 겸해서.

"우리가 가지고 있는 지식 내용은 참으로 방대할 수밖에 없습니다. 그래서 지식 하나하나를 의심하고 따져 보다가는 이번 생生뿐 아니라 몇 생이 다하더라도 우리의 모든 지식을 빠짐없이 다 의심해 볼 수는 없습니다. 게다가 지식은 끊임없이 새로 생성되어 기존의 지식 창고에 더해지기 때문에, 우리는 결코 모든 지식을 전부 의심할 수는 없다고 판단하게 됩니다. 그러면 스님들께서는 데카르트가 이 문제를 어떻게 해결했을 것 같습니까?"

나는 이 질문에 답변하기가 그리 쉽지는 않을 것이라고 예상했었는데, 그다지 시간을 끌지도 않고 곧 적광 스님이 답하였다.

"모든 지식 내용을 하나씩 따지기는 현실적으로 불가능합니다. 그래서 지식을 종류별로 나누어 그룹을 만든 후 그 그룹 전체를 한꺼번에 의심해 보면 될 것 같습니다."

이것은 명석했던 데카르트가 사용했던 바로 그 방법이다. 나는 잠깐 '혹시 적광 스님이 전생에 데카르트가 아니었을까' 생각하기도 했다. 데카르트는 우리가 지식을 습득하는 몇 가지 주요한 방법과 그 원리를 검토하면서 그 각각의 원리에 결점이 있다면 그것을 통해 얻은 지식은 모두 의심스럽다고 판단하는 길을 택한다. 지식의 종류에는 한계가 있다. 그래서 그 종류들 각각을 규정하는 원리를 하나씩 차례로 비판하면, 이 원리들을 통해 습득된 지식을 모두 철저히 의심해 볼 수 있다. 역시 수학자이기도 했던 데카르트다운 똑똑한 연구방식이다.

데카르트는 방법론적으로 옳다고 생각해서 일부러 끈질기게 회의했다. 그의 방법론적 회의의 첫째 표적은 가장 흔하면서도 때리기 쉬운, 감각을 통해 얻는 지식이다. 우리는 오감五感을 통해 얻는 경험적 정보내용이 종종 오류라는 점을 잘 알고 있다. 예를 들어 황달에 걸리면 노랗지 않은 세상이 모두 노랗게 보이고, 한겨울에 추운 곳에 머물다 실내에 들어오면 덥지 않은 상온의 실내도 덥다고 느낀다. 이렇게 오감은 신뢰하기 어렵기 때문에 감각을 통해 얻은 지식은 의심의 여지없는 확실한 진리가 될 수 없다. 그런데 한번 생각해 보자. 우리가 가진 지식 가운데 감각을 통해 얻는 것들은 얼마나 많을까? 정말 너무도 많다. 우리 일상의 경험 대부분은 감각을 통해 이루어지고 또 자연과학에서의 실험과 관찰도 결국은 감각을 통할 수밖에 없으니까, 우리 지식 가운데 절대적으로 많은 부분이 오감을 통해 얻어지고 있다. 그런데 이런 방대한 지식이 어느 것 하나 확실한 진리가 될 수 없다는 것이 데카르트의 방법론적 회의의 결과이다.

그렇다고 우리가 오감을 통하지 않더라도 알 수 있는 우리 몸의 상태에 대한 지식이라고 해서 전적으로 신뢰할 수 있는 것도 아니다. 예를 들어 침대에 누워 눈을 감고 가만히 숨만 쉬고 있으면 오감을 통해 느끼는 감각을 최소한으로 줄일 수 있다. 그러나 그럴 때조차도 우리는 자신의 손과 발 그리고 사지와 몸통이 어디에 있는지를 안다. 내 발이 어디에 있고, 내 팔이 어느 쪽에 있는지 그냥 안다. 오감을 통하지 않고 얻어지는 이런 지식은 확실한 지식이라고 생각할 수 있겠지만, 데카르트는 반례를 들어 반박한다. 우리는 보통 자신의 팔이 제대로 있다는 것을 안다고 생각하지만, 예를 들어 전쟁터에서 팔을 잃은 군인이 20년이 지나도 그 (없는) 팔이 아프다고 호소하는 유령통증(phantom pain) 현상이 보고되어 왔다. 이와 같은 반례가 존재하는 한, 내 몸의 상태에 대한 지식 또한 의심의 여지없는 확실한 진리가 될 수 없다.

한편 나는 지금 내가 컴퓨터 앞에 앉아 이 에세이를 쓰고 있다는 사실이 분명하다고 생각한다. 이렇게 자판을 두들길 때마다 모니터에 글자가 새로 나타나니까 분명 나는 컴퓨터 앞에서 글을 쓰고 있다고 믿어 의심치 않는다. 너무 자명하다 보니 그런 사실에 주의를 기울인 적도 없다. 그러나 데카르트는 또 회의한다. 그는 내가 실은 잠자리에서 에세이를 쓰는 꿈을 꾸며 잘 자고 있는데, 꿈이 너무나 생생하다 보니 이렇게 실제로 컴퓨터로 글을 쓰고 있다고 착각하고 있을지도 모른다고 반박할 것이다. 우리는 경험상 참으로 생생한 꿈이라면 현실과 구분하기 어렵다는 점을 알고 있다. 동아시아에서라면 장자莊子의 나비 꿈 이야기를 소개하며 이런 가능성을 설명할 것이다. 장자가 한 번은 나비가 되어 꽃에서 꽃으로 날아다니며 즐기는 신나는 꿈을 꾸었는데, 그 꿈이 하도 생생해서 꿈에서 깨어난 후 많이 섭섭해 했다고 한다. 그러면서 '지금 나는 나비 꿈을 꾸었던 장자일까, 아니면 장자 꿈을 꾸고 있는 나비일까?'라고 자문했다고 한다. 이 책을 읽고 있다고 믿는 독자도 실은 꿈속에서 읽고 있는지도 모를 일이다.

그런데 데카르트는 수학이나 논리학의 진리는 꿈속에서조차 의심의 여지없는 확실한 지식일 것이라는 가능성을 고려한다. 예나 지금이나 논리학과 수학은 한없이 다양한 지식 분야 가운데서 단연 최고의 분야라고 간주되곤 한다. 그런데 데카르트는 이 분야마저도 절대적으로 확실한 지식을 보여주지는 않는다고 회의한다. 예를 들어 그는 '2+3=5'와 같은 명료한 수학의 진리도 어떤 유능한 악마가 온 힘을 다해 우리 모두를 속여서 실은 '2+3=6'이 맞는데 우리가 언제나 '2+3=5'가 옳다고 판단하게 만드는지도 모른다고 의심한다. 그러면서 수학이나 논리학의 지식도 절대적으로 확실한 진리가 아니라며 옆으로 제쳐 버린다. 데카르트는 이와 같이 철저히 방법론적 회의 작업을 진행한다. 데카르트의 논증을 여기까지 소개했을 때 적멸 스님이 질문하였다.

"그렇게 유능하고 강력한 힘을 가진 악마가 무엇 하러 그런 쓸 데 없는 일에 시간낭비를 하겠습니까? 악마가 그런 유치한 장난밖에 할 일이 없을까 모르겠습니다. 데카르트가 이런 비현실적인 시나리오로 어떤 결과를 얻는다고 해도 그것이 그다지 미덥지 못할 것 같습니다. 데카르트가 너무 나간 것은 아닐까요?"

스님의 질문에 실은 나도 좀 뜨끔했다. 평생 철학을 업으로 삼아 살아오다 보니 정말 현실과 동떨어진 예와 논증을 붙잡고 오랜 시간을 연구하는 경우가 꽤 있어 왔다. 철학 밖에서 보기에는 황당하기 그지없는 일일 수도 있지만, 어쨌든 나는 데카르트를 옹호하며 그의 논증 소개를 마쳐야 했다.

"실험실에서는 자연 상태에서는 존재하기 어려운 환경을 만들며 실험을 진행하는 경우가 많습니다. 예를 들어, 먼지가 거의 없어야 하고 산소의 양도 일정해야 하며 햇빛도 차단하곤 합니다. 이렇게 조건을 완벽히 통제해야 제대로 된 실험이 가능하고, 그래야 과학지식이 쌓여 과학이 발전합니다. 마찬가지로 데카르트는 확실한 지식을 찾기 위해 철두철미하게 아무리 조그만 의심의 가능성만 있어도 그런 지식은 옆으로 제쳐놓았습니다. 철학에서는 논리적으로 모순만 없다면 그런 가능성을 열어 두곤 하기 때문에, 비록 사악한 악마 시나리오가 황당하기는 합니다만 이 시나리오도 가능하다고 받아들입니다. 그리고 데카르트가 이렇게 일부러 또 과장되게 회의懷疑를 계속했기 때문에 그의 논증을 '방법론적 회의' 또는 '과장된 회의'라고 부릅니다."

이와 같이 우리가 가진 거의 모든 지식이 그 지식 산출의 원리에 대한 데카르트의 '이 뭐꼬'에 의해 신뢰할 수 없다고 판단되고 제거되어 버린다. 이렇게 거의 모든 상相을 걷어치웠으니 이제 그는 깨칠 준비가 되었다.

그런데 데카르트는 여기서 붙잡고 매달릴 불변의 진리를 찾아냈다고 오판해 그만 완벽히 깨치지는 못하고 만다. 그는 계속 사유했다. 그가 악마에 의해 기만당하더라도, 최소한 그렇게 기만당하고 있다고 의심하는 그의 존재는 확실할 수밖에 없다. 그가 존재하지 않는다면 기만당할 수도 없기 때문에 그렇다. 그래서 그가 생각하는 한, 즉 그의 의식이 작동하고 있는 한 그의 존재는 결코 부정될 수 없다. 이때 '생각'이란 실은 제안, 희망, 사유, 감정, 감각, 의심, 의도 등 우리 의식작용의 모든 측면을 포함한다. 그래서 우리의 의식이 깨어 있는 한 우리의 존재는 의심의 여지없이 확실하다는 것이 데카르트의 결론이다. 이것이 그가 찾고자 한 명석 판명한 지식이다.

데카르트는 '나는 생각한다, 그러므로 나는 존재한다.'는 명제를 의심의 여지없는 불변의 진리로 받아들이며, '생각하는 나의 존재'를 모든 지식의 체계를 정초定礎하는 철학의 제1원리로 간주한다. 그는 '나의 존재'를 바탕으로 신의 존재를 증명하고 또 더 나아가 나머지 세계의 존재도 증명하며 존재세계 전체에 대한 새로운 지식의 체계를 정립한다. 그런데 데카르트가 절대 진리로 받아들이는 '생각하는 나의 존재'는 불교의 무아론無我論과 정면으로 배치背馳된다.

서양 철학자들은 이 세상에 절대적으로 확실한 진리가 단 하나라도 있다면 아마도 그것은 데카르트가 발견한 '생각하는 나의 존재'일 것이라고 거의 모두들 동의한다. 말도 많고 탈도 많은 철학자들이지만 이 명제에 대해서만은 동의한다. 만약 내가 존재하지 않는다면 생각할 수도 없을 것이기 때문에, 생각하는 나의 존재가 논리적으로 필연이기 때문이다. 그래서 내 미국 학생들은 내가 불교철학 강의 시간에 무아론을 강의할 때마다 데카르트의 철학을 언급하며 불교의 주장에 반대하곤 한다. 내가 학인스님들에게 질문했다.

"스님들께서는 서양철학이 데카르트를 앞세워 붓다의 무아론을 반박하려 시도한다면 어떻게 응수하시며 무아론을 방어하시겠습니까?"

아직 데카르트의 명제와 불교의 무아론의 대결을 주제로 한 진지한 논의가 진행된 적이 없어서 그런지 몰라도 학인스님들께서는 내 질문에 답변 없이 진지한 표정으로 앉아계셨다. 그래서 또 내가 다음과 같이 잘난 척할 기회를 잡았다.

우리는 먼저 데카르트의 '생각'이 무엇인지 좀 더 상세히 살펴봐야 한다. 위에서도 잠깐 언급했듯이, 데카르트의 '생각'이란 실은 사고, 추론, 희망, 의심, 갈망, 믿음 등 모든 종류의 의식 작용을 일컫는다. 데카르트는 이런 의식의 다양한 작용을 모두 묶어 '생각'이라고 표현했다. 그런데 데카르트가 분명히

설명했어야 할 부분이 있다. 그것은 (1) 고정불변한 영혼(마음)이 먼저 실체(substance) 또는 기체(substrate)로서 존재하고 그것이 나이며 또 그것이 생각한다는 것인가, 아니면 (2) 그런 실체는 존재하지 않지만 생각함 자체가 독립적으로 존재하는 나라는 말인가? 이 둘을 차례로 살펴보겠다.

(1) 데카르트는 내가 실체로서 존재하고 이 실체로서의 내가 생각함의 주체라고 주장했다. 그는 이런 생각함이라는 작용 없이 그냥 존재하는 실체로서의 나는 상상하기조차 어렵다는 점을 인정하면서도 여전히 실체로서의 나와 생각이라는 작용을 존재론적으로 구분했다. 그런데 우리는, 비록 데카르트 스스로가 설명의 어려움을 토로하고 있지만, 나(마음)이 생각함이라는 속성 또는 작용이 자리 잡는 기체라면 우리는 먼저 이런 기체가 도대체 무엇이냐고 질문해 보아야 한다. 스스로는 속성이 없지만 모든 속성이 걸려 있는 기반이라는 기체란 과연 무엇일까? 답변하기 어렵다. 흄이 로크의 견해에 대해 비판하면서 쓴 표현에 의하면, 이런 기체는 '불가해한 괴물(unintelligible chimera)' 같은 것일 뿐이다. 그런 것이 존재한다고 인정해 줄 수 없다는 말이다. 나는 흄의 견해가 옳다고 본다.

(2) '나의 존재'를 가능케 하는 것이 '생각함' 자체라면, 그것은 나를 언제까지나 동일한 나이게끔 해주는 고정불변한 무

엇일 것이다. 그런데 '생각함'이 과연 그런 것일 수 있을까? 위에서 보았듯이, 생각함은 사고, 희망, 의심, 갈망, 믿음 등 다양한 종류의 의식작용을 뭉뚱그려 말한다. 그런데 이 각각의 의식작용과 내용은 쉼 없이 변한다. 그래서 '생각함'도 끊임없이 변한다. 이렇게 무상無常한 의식이 어떻게 나를 언제나 동일한 나이게끔 만들어 주는 고정불변의 본질이 될 수 있겠는가.

한편 불교에는, 다소 전문적인 설명이 필요한 분야이기는 하지만, 부분들로 이루어진 전체는 실재實在하지 않는 일종의 허구(fiction)에 불과하다는 논증이 여러 학파에서 전개된다. 강의가 끝난 후에 백운스님께서 내게 메신저로 전해 주셨듯이, 초기경전인 『밀린다왕문경』에서는 전차의 예를 통해 이런 논증이 펼쳐지고, 또 나가르주나도 그의 『근본중송』에서 집합체가 자성이 없이 공하다는 점을 논증한다. 그래서 사고, 희망, 의심, 갈망, 믿음 등 여러 부분으로 이루어진 전체 또는 집합체로서의 '생각함'은 허구일 뿐이다. '생각하는 나'는 실재하는 존재가 아니라는 것이다. 그렇다면 그런 것의 존재가 어떻게 모든 지식의 체계를 정초할 수 있는 절대불변의 진리가 될 수 있겠는가.

혹자는 다양한 의식 작용이 변화하며 시간선상에서 이어지는 4차원적 연속체를 '생각함'이라고 보며 또 그것이 '나'라고 주장할 수도 있겠다. 그러나 '생각함으로서의 나'가 다른 시점

時點마다 다른 의식내용을 가지고 있다면 그 다른 시점의 여러 나를 같은 나라고 보아주기 어렵다는 문제가 있다. 이와 같이 '생각함'은 시간의 경과에 따라 다른 내용을 가지기 때문에, 그것으로 불변의 본질을 가진 동일한 나의 존재를 증명할 수는 없다.

나는 데카르트가 '생각하는 한 생각함의 존재는 확실한 진리'임을 보였지만, '나의 존재'는 증명하지 못했다고 판단한다. 그리고 이것이 그의 철학이 불교의 무아론을 반박할 수 없는 이유라고 본다. 그리고 이것이 바로 그가 비록 '이 뭐꼬' 화두를 질끈 깨물었지만 끝내 깨치지 못한 이유일 것이다.

제10장

경계를 그을 수 없는 나는 누구인가

경전에 항하恒河라고 표기된 갠지스강가의 모래를 모두 한 곳에 모아 모래더미를 만든다고 상상해 보자. 엄청나게 큰 모래더미가 되겠지만, 그 모래의 수는 유한수 n이라고 표기할 수 있겠다. 여기서 모래 한 알을 빼어 그 숫자가 (n-1)개가 되어도 그것은 여전히 모래더미로 남는다. 이 항하사恒河沙를 하나씩 빼내는 작업을 무수히 많은 겁劫 동안 계속하여 결국 모래가 한 알만 남게 된다고 가정하자. 모래 한 알만으로는 더미가 되지 않기 때문에 여기에 더 이상 모래더미는 없다.

우리는 위에서 모래더미가 n개의 모래로 이루어져 있으면 (n-1)개의 모래로도 모래더미가 된다고 결론지었다. 그때는 분명 이치에 맞는 결론이었는데, 많은 겁이 지난 후에 보니 이에 상충되는 결과가 나왔다. 언제부터 이것이 모래더미가 아니게 되었을까? 그 모래의 정확한 수를 알 수 있을까? 아무도 이 질문에 단정적으로 답변할 수 없다. 오래전부터 철학은 이런 문제를 '모래더미의 패러독스'라고 불러왔다. 모래더미뿐만 아니라 다른 수많은 것들의 실재를 믿는 서양인들이 고민하는 난제다. 그러나 물론 처음부터 모래더미가 자성을 가지고 실재한다고 보지도 않는 불교에서는 존재할 이유가 없는 문제다.

모래더미의 패러독스는 다른 여러 예로도 확인할 수 있다. 머리가 얼마나 빠져야 대머리가 되는가. 50%, 50.1%, 아니면 99%? 시골집의 앞뜰과 들판 사이에 분명한 경계를 지을 수 있을까? 생물학적으로 성인이 되는 정확한 기준은 무엇인가? 또 인간이 탄생하는 순간은 정자와 난자가 만나는 순간인가, 세포분열이 몇 번 일어나는 순간인가, 수정란이 자궁벽에 착상하는 순간인가, 아니면 태아가 자궁 밖으로 나오는 순간인가? 이 모든 질문에 아무도 정확한 답변을 할 수 없다. 다시금 말하지만, 어떤 현상이나 물체의 자성과 실재를 인정하지 않는 불교에서는 이런 문제가 처음부터 존재하지도 않지만, 실체와 본질로 사물을 파악하려 하는 서양식 사고방식으로는 해결할 수 없는 난제들이다.

여기까지 설명하고 나서 장난기가 또 발동한 나는 스님들의 삭발한 머리를 보면서 농을 걸어 보았다.

"출가하지 않으셨으면 머리가 벗어져 대머리가 되어 가고 있어 고민이 많으셨을 것 같은 스님이 여러 분 보이네요. 그런데 그분들도 출가수행자가 되시어 삭발을 하신 덕분에 그런 고민에서 완전히 해방되어 좋으시겠습니다."

그러면서 장난스런 코멘트를 해서 죄송하다고 말씀드리며 학인스님들과 함께 웃었다. 그런데 월정 스님이 덧붙이기를,

"실은 저희들도 서로 그런 소리 하며 웃고 지냅니다."

출가수행자도 하루 24시간 엄숙한 분위기에서만 지내시는 것이 아니라 가끔 서로 농도 하며 웃기도 하신다는 말씀에 마음이 더 밝아졌다.

이제 질문을 '나'의 존재에게로 돌려보자. 나의 존재 방식에 대해서는 무수히 많은 논의가 가능하겠지만, 이 문제를 짧은 강의시간에 다룰 수 있도록 우리 논의의 범위를 좁혀 일단 나는 몸 또는 마음으로, 아니면 몸과 마음이 결합된 무엇으로 실재한다고 가정해 보자. 내가 진정으로 몸이나 마음으로 존재한다면, 그 몸과 마음은 각각 자성을 가지고 실재할 것이다. 그런데 자성을 가지고 실재하는 것은 그것과 그것 아닌 것들 사이에 경계가 분명해야 한다. 특정한 자성을 가졌기에 실재하는 것과 그런 자성이 없는 그밖의 것들 사이에는 뚜렷한 차이가 있겠기 때문이다. 그래서 만약 아무리 시도해도 나의 몸이

나 마음의 경계선을 선명히 그을 수 없다면 이것은 나의 몸과 마음이 자성을 가지고 실재하지 않기 때문이라고 보아야 한 다. 나의 몸도 마음도 실재하지 않는다면 곧 내가 실재하지 않 는다는 것이어서 붓다의 무아無我가 진리임이 다시금 확인될 것이다.

먼저, 내 몸의 경계 또는 테두리는 어디까지일까? 예를 들어, 머리카락은 나의 일부인가 아닌가? 이발할 때마다 잘려나가는 머리카락에 개의치 않는 것을 보면 머리카락이나 몸에 난 털 이 나의 일부인 것 같지는 않다. 코나 귀는 어떤가? 코나 귀가 몸에서 떨어져 나간다면 참으로 고통스럽겠지만, 이 둘도 나 의 진정한 일부가 아님은 분명하다. 코나 귀가 없어도 나는 나 일 것 같으니까 그렇다. 팔이나 다리를 다치더라도 마찬가지 다. 그렇다면 신체의 얼마만큼이 진정한 내 몸일까? 생명을 유 지할 수 있는 최소한의 부분이 나일까? 일견 그럴 듯한 이 답 변도 문제가 있다. 앞으로 인공장기가 우리 몸의 손상된 부분 을 점점 더 많이 대체할 수 있어서 우리가 그 최소한의 경계를 정할 수 없겠기 때문이다.

정신작용을 담당한다고 믿어지는 뇌도 예외는 아니다. 뇌세 포 하나하나를 그것과 동일한 기능을 수행하는, 실리콘으로 된 부분으로 대체해 나가는 것이 원칙적으로 가능한데, 언젠 가는 뇌의 모든 부분을 컴퓨터칩과 같은, 실리콘으로 된 물질로 대체할 수도 있을 것이다. 이런 점을 모두 고려하면 이 몸에서 나의 경계선을 정하기가 전적으로 불가능하다는 점을 알 수 있다. 하지만 더 근본적인 문제가 있다. 몸은 따지고 보면 결국 소화된 음식물에 불과하기 때문에 몸의 그 어느 부분도 밖으로부터 온 것이지 나로부터 비롯된, 진정으로 나의 것은 하나도 없다. 그래서 처음부터 내 몸의 경계선을 그을 도리가 없다.

이 모든 문제를 피하기 위해 일단 현재 내 몸에 연결되어 있는 모든 부분이 나의 것이라고 가정해 보자. 그래서 내 몸 전체가 바로 나이고 그 테두리가 나의 경계라고 해 보자. 이때 내 몸에서 머리카락이 하나 없는 경우를 생각해 보자. 그 머리카락이 없더라도 그 몸은 몸이다. 다른 머리카락이 하나 없는 경우도 상상할 수 있는데, 그 몸도 몸이다. 이렇게 보면 내 머리카락의 숫자만큼 다른 많은 몸이 내 몸안에 존재한다. 머리카락 둘이 없어도, 셋이나 넷이 없어도, 귀가 조금 찌그러져도, 팔이 조금 길어도, …… 이 모든 무수히 많은 경우의 몸이 모두 내 몸속에 있다. 나는 이렇게 수없이 많은 몸을 끌고 다녀야 하게 된다. 이는 수용할 수 없는 황당한 결론이다. 그러나 어느 한 몸도 자성이 없어 공하여 실재하지 않는다고 보는 불교에서는 이런 문제가 처음부터 생겨나지도 않는다.

이제 마음의 경계를 정할 수 있느냐는 문제를 살펴보자. 현

대인은 거의 모두 의식이 그 물질적 기반인 뇌의 기능에 의존한다고 받아들인다. 여기서 불자라면 뇌 또한 소화된 음식물이기 때문에 내 몸 밖으로부터 온 것이라는 점에 먼저 주목할 만하다. 그래서 뇌에 의존하는 모든 의식상태도 물질적인 것과 마찬가지로 여러 조건이 모이고 흩어짐에 따라 생멸한다고 볼 수 있겠다. 그런데 내가 가진 의식상태 가운데 나로부터 비롯된 것이 하나라도 있을까? 예를 들어, 내 사유思惟를 구성하는 개념들 가운데 단 하나라도 나로부터 생겨난 것이 있는가? 그런 것은 없다. 내 의식 속의 모든 개념은 내가 자라면서 듣고 배운 말로부터 형성되었지, 그 어느 하나도 의식 속에서 저절로 생겨나지 않았다. 사유 내용 가운데도 진정한 의미에서 내 것은 하나도 없다. 내 것이 없다면 내 마음의 경계선을 그을 수도 없다.

심리철학은 마음의 경계가 주변 환경과 공동체로까지 연장되어 있다고 본다. 사람들은 느릅나무와 너도밤나무를 잘 구별할 줄 모르지만 두 단어를 문제없이 사용한다. 그 이유는 우리가 필요하다면 식물학자의 도움으로 두 나무를 구분하면 되기 때문이다. 우리가 쓰는 단어 가운데 스스로 엄밀한 정의定義를 알면서 사용하는 경우는 별로 없다. '정의正義', '가상화폐', '진리', '깨달음' 등이 그런 것들이다. 그래도 우리의 사유와 언어생활은 각 분야의 전문가가 있는 우리 사회와 연결되어 진행되기에 무리가 없다. 그러나 물론 이런 연결성 때문에 마음의 경계선을 명확히 그을 수는 없다.

한편 과학철학자들은 지식을 다루는 우리의 의식 내용이 배경이론에 의해 결정된다고 판단한다. 예를 들어 그 옛날 천동설을 믿던 사람들과 그 이후 지동설을 진리로 여기는 사람들에게 '해는 동쪽에서 떠서 서쪽으로 진다.'는 일상의 상식은 정반대로 해석된다. 한 쪽은 이것을 해가 움직여서 생기는 현상으로 여기고, 다른 쪽에게는 지구가 돌기 때문에 나타나는 현상으로 이해된다. 상대성이론을 아는 사람이 마음속으로 헤아리는 질량, 시간 및 공간은 고전역학만 배운 사람의 이해와는 전혀 다른 내용을 갖는다. 이와 같이 우리 마음은 배경이론으로까지 연장되어 있다. 이런 면에서도 마음의 경계를 정하기가 불가능하다.

위에서 살펴본 머리카락 하나 없는 몸의 예와 비교하며 내 마음속에 있는 마음들의 개수를 생각해 보아도 같은 문제에 직면하게 된다. 단어 하나 더 또는 덜 알고 있는 마음, 수학 문제 하나 더 또는 덜 풀 줄 아는 마음, 기억 한 조각만 다른 마음 …… 등을 모두 고려한다면 내 마음속에는 수없이 많은 마음이 있다는 엉뚱한 결론에 이르게 된다. 받아들일 수 없는 결과다. 한 마음조차 자성이 없어 공하여 실재하지 않는다고 보는 불교에서는 처음부터 존재하지도 않는 문제다.

지금까지 살펴보았듯이, 몸도 마음도 그 경계선을 그을 수 없다. 내가 존재한다면 몸 또는 마음으로, 아니면 몸과 마음의 집합체로 존재할 텐데, 이 둘 다 경계선을 정할 수 없다. 그래서 나와 나 아닌 것 사이에 경계선을 그을 수 없다. 그런데 내가 자성을 가지고 실재한다면 이렇게 자성을 가지고 실재하는 나와 그밖에 다른 모든 것들 사이에 분명한 경계가 있어야 한다. 이와 같은 이유로, 경계선도 그을 수 없으면서 '나'가 자성을 가지고 실재한다고 주장한다면 억지겠다. 깨달음과 열반으로 대자유의 길에 나서려면 먼저 나를 내려놓아야 하겠는데, 알고 보니 처음부터 내려놓을 '나'가 없다.

　그런데 경계를 그을 수 없어 처음부터 실재하지도 않는 나에 대해 불교계 안팎에서 물어지는 좀 너무 흔해서 식상할 정도인 질문이 있다. '나는 누구인가.' 한국의 불자라면 누구나 한 번쯤은 들어 보았을만한 물음이다. 일상에서는 아무도 스스로에게 묻지 않을 질문이지만, 불자는 이 물음이 가지는듯한 어떤 심오한 깊이를 헤아리려 노력하기도 한다. 그런데 생각해 보자. 우리는 과연 이 질문에 답할 수 있는가? 현대 분석철학은 원칙적으로 답변이 불가능한 것 같은 심오한 질문은 실은 개념적 혼동이나 논리적 오류로부터 비롯되었다고 판단하곤 한다. '나는 누구인가'라는 굉장한 것을 묻는 듯 착각을 일으키게 하는 질문도 예외가 아니다.

나는 누구인가. 이 말을 영어로 번역하면 'Who am I?'인데, 미국인에게 이 질문을 하면 '당신은 당신의 이름을 모릅니까? 기억상실증에 걸렸나요?'라고 되물을 것이다. 왜냐하면 'Who are you?'는 '당신의 이름은 무엇입니까?'라는 질문으로 상대방의 이름을 묻기 때문이다. 그러면 보통 '나는 홍길동입니다.'라는 식으로 답한다. 그러나 물론 불교계에서 묻는 '나는 누구인가?'라는 질문은 내가 나의 이름을 묻는 것이 아니다. 그러면 무엇을 묻고 있는가. 이 질문이 나의 정체성(identity)에 관한 것이라면 '나는 무엇인가?(What am I?)'로 물어야 한다. 그러면 미국인이라면 예를 들어 '당신은 당신의 직업이나 직책을 모릅니까?'라는 식으로 한심하다는 듯 되물을 것이다.

비판적 관점에서 보면 '나는 누구인가'라는 질문의 심오함과 신비감은 먼저 'Who am I?'와 'What am I?'를 구분하지 않고 애매하게 섞어 쓴 혼동에서 비롯된다. 이것은 논리학에서 말하는 애매함(ambiguity)의 오류에 해당된다. 한편, 'What am I?'라는 질문이 일상에서 말하는 직업이나 직책, 가족에서의 위치 등에 대한 물음이 아니라 보다 추상적인 어떤 종교적·철학적 정체성에 관한 것일 수도 있다. 그런데 자신의 종교적 신념 또는 철학적 정체성에 대해 선명히 선을 그어가며 분명한 답을 주기는 대단히 어렵다. 그래서 이 질문은 개념을 분명치 않고 모호하게 사용했기 때문에 논리학자들이 경고하는 모호함

(vagueness)의 오류도 범하고 있다. '나는 왜 사는가?'와 같은 질문도 마찬가지다. 한국어와 영어의 '왜 Why'는 인과적인 원인(cause)을 묻기도 하고 또 어떤 목적이나 이유(reason)를 묻기도 한다. 이 물음은 생존의 생물학적 원인과 살아가는 구체적인 목표와 이유를 개념적으로 뒤섞어놓고 질문하고 있다. 그래서 우리를 오도誤導해 이것이 마치 심오하고 신비한 질문이라고 착각하게 만들곤 한다.

'나는 누구인가'라는 질문이 가지는 더 심각한 철학적 문제를 살펴보자. 존재세계는 나와 나 밖의 다른 모든 것으로 나눌 수 있다. 철학자들이 말하는 내적인 세계(the internal world)와 외적인 세계(the external world)가 이에 해당되는데, 이것은 곧 나의 의식세계와 의식 밖의 세계와 일치한다. 내 의식세계는 1인칭 관점에서만 기술할 수 있고, 오직 나만 접근할 수 있으며, 내가 내성內省한 내용에 대해서는 오류가 있을 수 없어 내가 절대적인 권위를 갖는다. 나 말고 다른 사람은 내 의식의 세계에 대해서 이와 같은 능력을 가질 수 없다.

이제 1인칭 관점에서 보는 나를 '나1'이라고 하고 3인칭 관점에서 지칭된 나를 '나3'이라고 해 보자. 나1은 주관으로서의 나이기 때문에, 남들이 바라볼 때 객관화된 대상으로서의 나3과는 내 의식에의 접근가능성과 의식내용의 무오류성 측면에서 전적으로 다르다. 나1은 자기만의 세계가 있다. 그런데 그렇다면 과연 나₁이 '나₁은 누구인가'라고 질문하며 나₁을 찾아 나₁에 대해 고민하고 탐구하고 변화시킬 수 있을까? 무엇보다 먼저 일단 나₁이 나₁에게로 향할 수 있어야 그 다음에 그것을 어찌할 수도 있을 것이다. 그런데 이것이 가능할까?

결코 가능하지 않다. 아무것도 그 스스로를 향할 수 없다는 비非재귀성의 원리(the principle of non-reflexivity)가 옳기 때문이다. 칼은 버터를 자를 수 있지만 그 스스로를 향해 서서 스스로를 자를 수는 없다. 손가락은 달을 가리킬 수 있지만 달을 가리키는 스스로를 가리킬 수 없고, 어머니는 아이를 낳지만 스스로를 낳을 수 없다. 그래서 홍길동은 그 스스로를 향할 수 없다. 원칙적으로 불가능하다. 그는 스스로를 사랑하거나 미워할 수도 없다. 스스로를 향할 수도 없는데, 향해야만 가능한 사랑도 미움도 불가능하기 때문이다. 만약 홍길동이 스스로에 대한 호오好惡의 감정이 있다고 (잘못) 여긴다면, 그것은 그의 한 부분, 예를 들어 그의 의지가 그의 다른 부분인 감정을 좋아하거나 싫어하는 경우 같은 것일 뿐이다.

위의 원리는 나₁이 나₁을 향할 수조차 없기 때문에 나₁은 나₁을 찾을 수 없고 나₁에 대해 고민하거나 변화시키려 할 수도 없다는 점을 보여준다. 그래서 '나는 누구인가'라는 질문은 나₁을 향할 수도 없는 나₁이 나₁에 대해서 물을 수 없다. 한편, 이 질문을 '나₃은 누구인가'로 바꾸면 뜻이 통하게 된다. 나₁이나$_1$에 대해 묻는 것이 아니라 나$_1$이 다른 사람들이 보는 나$_3$은 누구 또는 무엇이냐고 묻는다면 위의 원칙을 위배하지 않기 때문이다. 그러나 문제는 '나는 누구인가'라는 질문이 '남들이 바라보는 나$_3$은 누구 또는 무엇인가'가 아니라는 점이다. 불교나 철학에서는 이런 질문을 중시하지 않는다. 중요한 것은 나$_1$이 '나$_1$은 누구 또는 무엇인가'라고 묻는 것인데, 이럴 경우 이 물음은 위에서 지적한 원칙에 어긋나기 때문에 질문으로 성립될 수 없다는 난관에 부딪힌다.

논리적 오류 때문에 잘못된 신비감과 심오한 느낌을 불러일으키는 '나는 누구인가'라는 물음은 지혜롭다면 물어서는 안 될 질문이다. 질문을 멈추어야 할 때는 멈추어야 한다. 그러나 혹자가 질문 자체가 어리석다는 점을 깨닫는 과정이 중요한 수행이기 때문에 이런 물음을 방편으로 던진다면 그것은 전혀 다른 차원의 이야기다. 나 또한 다른 출재가자와 마찬가지로 이런 방편을 소중히 받아들인다.

제11장 /

모이고 흩어지는 인연으로

수천 년 동안 고유한 문화를 간직해 온 우리 불가佛家에는 멋
들어진 말들이 많다. '도량', '시방', '할/방'처럼 같은 한자어도
달리 발음하여 흥취를 더하지만, 표현 자체가 처음부터 색다
른 것도 있다. 그 가운데는 아름다울 뿐 아니라 깊은 철학적 지
혜를 담고 있는 구절들도 많다. '인연이 모여 이 일이 성사되었
습니다.'나 '인연이 다했습니다.'와 같은 표현에는 현대서양 분
석철학의 논의를 이미 담아두고 있는 듯 여겨지는 지혜가 묻
어난다. 이번 강의에서는 우리 절집의 일상 표현 가운데 하나
가 철학적 문제를 어떻게 해결하는지 살펴보려 한다.

　우리 일상의 말인 '인연因緣'은 원래 절집 용어다. 남전불교
의 영향을 많이 받은 영어권 불교학자들은 '인연'을 보통 '원인
(cause)'과 '조건(conditions)'으로 번역하는데, 북전불교에서는
원인과 조건을 달리 구분하기보다는 하나로 '조건(들)'이라고
분류하는 편이다. 원인이란 여러 조건들 가운데 갖추어지지
못한 어느 하나가 마지막 순간에 갖추어지면서 비로소 결과가

생겨날 때 그 특정 조건을 따로 특별히 불러주는 말이다. 예를 들어 불이 붙지 않던 라이터에 기름을 새로 갈아 넣어주어 불이 켜진다면, 이 새 기름이 라이터불의 원인이다. 그밖에 라이터 돌, 손아귀 힘, 공기, 바람 없는 장소 등은 모두 배경 조건에 해당된다.

그렇지만 기름이 이미 새것인 상황에서 바람이 심해 불이 안 붙고 있었다면 바람을 막아주는 행위가 라이터불의 원인이 되겠고, 산소가 부족했다면 산소의 공급이 원인이 된다. 경우에 따라서는 비를 막는 것도 라이터불이 붙는 원인이 될 수 있겠다. 이처럼 원인과 조건의 구분은 상황에 따라 달라진다. 그러나 우리의 관점에서가 아니라 존재세계 자체의 관점으로부터 본다면, 이 모든 조건이 갖추어져야 라이터불이 켜지게 된다. 존재세계에서는 조건 하나하나가 모두 동등하게 중요하다. 그래서 원인은 근본적으로 조건의 하나일 뿐이다. 이와 같은 이유로 나는 '인연'이라는 말보다 '조건'이라는 말을 선호한다.

이제 우리 불가에서 일상적으로 사용하는 표현으로 붓다의 연기緣起를 해석해 볼까 한다. 나는 '만물은 조건에 의해 생성·지속·소멸한다.'는 연기의 가르침을 '만물은 모이고 흩어지는 조건이다(조건 그 자체다).'로 이해하자고 제안한다. '만물은 조건에 의해 생겨난다.'고 하면 마치 만물이 조건과는 별도로도 존재할 수 있는 무엇인 것처럼 받아들여질 수 있다. 그러나 '만물은 모인 조건 그 자체'라고 보면 조건 외에 따로 존재하는 것을 인정할 필요가 없게 되어 더 좋다. 철학은 사유와 존재의 경제성의 원리를 받아들이는데, 설명을 위해 필요한 존재하는 것들의 종류와 숫자가 적을수록 좋은 이론이라는 합의가 있다.

내 새로운 제안에 대해 학인스님들의 질문과 코멘트가 뒤따랐다. 먼저 성보 스님이 물어왔다.

"연기에서 여러 조건이 모여서 결과를 이룬다기보다는 조건1이 결과1을 초래하고, 조건2가 결과2를 초래하는 등의 과정으로 봐야 옳지 않을까요?"

날카로운 질문이다. 스님들이다 보니 역시 불교의 기본교리에 대한 이해가 깊다. 그래서 나는

"좋은 지적입니다. 그런데 다른 조건은 하나도 개입되지 않고 전적으로 고립된 조건1이 독립적으로 결과1을 가져오는 상황이 존재할 수 있을까요?"

다시 성보 스님이 답하였다.

"그런 것은 불가능합니다."

북전불교의 대승 전통은 대체로 모든 조건이 다른 모든 조건과 연결되어 있다고 보는 연기관을 받아들이기 때문에 어느 한 조건도 고립되어 독립적으로 다른 결과를 가져올 수 없다는 데 동의한다. 그래서 어떤 조건도 고립시키지 않고 '조건들의 모임이 바로 결과로서의 사물'이라고 보자는 내 제안에 성보 스님도 동의하였다. 그런데 이때 보광 스님이 다른 제안을 하였다.

"사물이 조건들의 모임이라기보다는 오히려 조건들의 모임의 작용으로 보면 어떻겠습니까?"

젊은 학인스님들이 이렇게 가끔 교수인 나를 놀라게 하는 아주 날카로운 질문을 해 주었다. 승가대학은 대학으로 치면 학부과정에 해당되는데, 이곳에서 철학과 대학원 이상 수준의 질문과 토론이 줄곧 전개될지는 미처 예상하지 못했었다. 선생으로서 나는 참 복도 많다.

"스님의 제안은 제가 연기에 관해 제시한 표현보다 진일보한 견해입니다. 날카로운 지적 감사드립니다. '조건들'이라는 표현을 쓰면 우리에게 마치 어떤 실체들이 존재한다는 뉘앙스를 줄 수 있어서 다소 불편한데, 그 대신 '작용'으로 표현해 보면 이런 실체성을 주는 느낌을 제거할 수 있어서 좋습니다. 참 좋은 제안입니다."

주어진 강의시간 상의 문제로 이렇게만 답변하고 다른 내용으로 넘어갔지만, 나는 속으로 '강의내용을 바탕으로 한 책을 쓸 때 다음과 같은 논의를 더 해 주어야겠다'고 생각하고 있었다.

"그런데 조건들과 그것의 작용을 모두 이야기하면 마치 도교道敎의 체용론體用論이 원용되는 인상을 받게 됩니다. 하지만 붓다의 가르침은 원래 그런 체 또는 실체의 존재를 인정하지 않았습니다. 체가 존재한다면 연기와 공의 가르침에 어긋나지요. 그래서 불교는 체 없이 용만으로 존재세계를 설명한다는 것이 제 견해입니다. 물론 저와 동의하는 학자들도, 또 반대하는 학자들도 있습니다.
저는 존재세계를 작용만으로 설명해야 한다고 보는데, 이 '작용'이라는 단어가 우리에게 상대적으로 낯섭니다. 그래서 저는 '작용'을 넓은 의미에서의 '조건'으로 해석해도 별 무리가 없다고 봅니다. 조건은 물체일 수도, 사건일 수도,

그리고 작용일 수도 있으니까요. 그래서 작용의 모임을 조건의 모임으로 이해하고 우리의 논의를 진행해도 괜찮다고 봅니다."

좋은 질문과 제안에 대한 행복한 논의를 마치고 이제 원래 강의로 돌아간다. 만물은 모이고 흩어지는 조건들이다. 미국 미네소타에 있는 우리 집에는 돌아가신 앞집 백인 할머니께서 우리 가족에게 남기신 서양난이 하나 있다. 꽃이 크고 화려하고 튼실하다. 꽃이라는 이 물체(object)가 이런 예쁜 자태로 우리에게 모습을 보이기까지 참으로 많은 조건이 어렵사리 모였다. 이 난에 햇빛과 물 그리고 토양 속의 자양분이 여러 달에 걸쳐 모이고 모여 이런 잘 생긴 꽃모양을 이루었다. 여기서 꽃은 모인 조건 밖에 따로 존재하지 않는다. 이 모든 조건의 모임이 결국 꽃 그 자체다. 꽃을 이루는 모든 분자의 모임이 꽃 그 자체라는 말과 그다지 다르지 않다. 이 점은 만약 그런 조건이 흩어진다면 이 난과 그 꽃도 동시에 흩어져 없어진다는 사실을 고려하면 쉽게 받아들일 수 있겠다. 꽃 따로 조건 따로 존재하는 것이 아니라, 조건의 모임이 바로 꽃이다. 여기까지 강의하고 스님들에게 철학적 질문 하나를 더 던졌다.

"스님들과 저는 지금 꽃을 예로 들며 물체로서의 꽃과 조건이 모이고 흩어지는 연기의 과정을 논의하고 있습니다. 이제 예를 조금 바꿔 새로운 질문을 하나 드리겠습니다. 지금 제가 끔찍이도 좋아하는 이 강의실에는 여러 개의 물체들이 있습니다. 이 강의실은 의자, 테이블, 벽화, 창문, 벽, 천장, 출입문 등 아주 많은 물체들로 되어 있습니다. 그런데 도벽이 심한 외계인들이 우연히 통도사 위를 지나가다가 이 강의실이 너무 마음에 들어 자기네 은하계로 훔쳐 가져가기로 작정한다고 가정해 보겠습니다. 그들이 이 강의실에 있는 모든 물체들을 그대로 모조리 옮겨가면 그들의 은하계에 이 강의실을 원래 그대로 재현할 수 있을까요?"

나는 답변이 그리 쉽지 않을 것이라고 예상했는데, 뜻밖에도 질문이 끝나자마자 백운 스님이 답하였다.

"그럴 수 없습니다. 이 강의실의 모든 물체는 강의실 밖의 다른 모든 것들과도 연결되어 있는데, 그런 연결성이 모두 그대로 옮겨질 수 없기 때문에 다른 은하계에 이 강의실을 올바로 재현할 수 없습니다."

대승의 연기관에 따르자면 참으로 옳은 말이다. 여기에 취운 스님도 동의하였다.

"그 누구도 이 강의실에 있는 모든 물체와 관련하여 연기하는 조건들을 모두 그대로 가져갈 수는 없기 때문에 제아무리 외계인들이라도 다른 은하계에 이 강의실을 그대로 가져가 재현할 수 없습니다."

모두 좋은 말이다. 여기에 나도 한마디 더했다.

"실은 제가 질문에 살짝 트릭(trick)을 써놓았습니다. 어떤 물체도 시간과 공간 밖에 존재할 수 없습니다. 존재세계는 물체들만 모아서는 만들 수 없습니다. 시간과 공간이 있어야 합니다. 그래서 외계인들도 시간과 공간 없이 물체만을 떼어가지고 다른 곳으로 가져갈 수는 없습니다.

물체가 존재한다는 것은 이미 그것이 시공時空 안에 있다는 말입니다. 그런데 이렇게 시간과 공간이 개입되어야 존재가 가능하다는 것은 우리 세계가 물체들로만은 구성될 수 없다는 말입니다. 세계는 실은 물체가 시공 안에 존재하는 사건, 사태, 또는 사실들의 모임으로 되어 있습니다. 존재의 최소 단위는 물체(object)가 아니라 사태와 사실을 포함하는 넓은 의미의 사건(event)입니다.

지금까지 조건들이 모여서 물체를 이룬다고 표현해 왔습니다만, 엄밀히 말하자면 사건들이 모여 다른 사건을 이룬다고 보아야 합니다. 조건들 하나하나가 사건이고, 물체도 하나의 사건으로만 존재하기 때문입니다."

질의응답을 마치고 이번 강의의 마지막 부분으로 나아갔다. 난 하나가 앞집 할머니의 유품으로 우리에게 남겨진 사건 또한 수많은 조건이 모여 이루어졌다. 여러 해 전에 인사를 나누었고, 저녁초대를 받았고, 우리 집에서 아이들 음악연주와 함께 모임을 가졌고, 서로 수십 번 오고가며 정을 쌓아왔다. 이렇게 여러 조건이 모이지 않았더라면 우리에게 그렇게 난이 전해져 오지 못했을 것이다. 이렇게 난이 전해져 온 사건도 그것을 이루어 낸 수많은 조건으로 모두 분석되고 해체되어 버리기 때문에, 그 사건이 이런 조건들 밖에 별도로 존재한다고 볼 수 없다. 물체(object)뿐 아니라 사건(event)도 단지 조건의 모임 그 자체일 뿐이다.

조건이 모이고 흩어짐에 따라 물체와 사건이 생겨나고 소멸한다. 그런데 물체인 꽃이 조건의 모임에 불과하다면 왜 우리는 굳이 '꽃'이라는 이름을 만들어 부르며 꽃이 마치 모인 조건과 별도로 존재하는 듯 착각하게 만들고 있을까? 다시 말해, 조건의 모임인 꽃이 결국은 조건들로 분석되어 해체되는 허구(fiction)요 환幻에 불과하다는 점을 잘 아는 불가에서조차도 '꽃'이라는 말을 계속 사용하는 이유는 무엇일까?

모여 있는 무수히 많은 조건을 한 단어로 지칭하는 이유는 그것이 우리 일상생활을 위해 유용하기 때문이겠다. 꽃 한 송이를 이루는 조건은 너무도 많아서 일일이 나열할 수 없기 때문에 그 모두를 뭉뚱그려 편리하게 '꽃'이라 부를 뿐이다. 이것은 아주 복잡한 숫자를 그냥 상수 'c'로 표현하고, 또 길고 복잡한 컴퓨터 명령어를 하나의 아이콘으로 만들어 클릭 한 번으로 실행시키는 것과 마찬가지다. 물체뿐 아니라 꽃을 선물하는 행위(사건) 같은 것도 무수히 많은 조건의 모임 그 자체다. 그 조건을 모두 나열할 수 없어서 '선물주기'와 같이 표현할 뿐이다.

사물의 존재를 이렇게 실용적으로 유용한 방식으로 보면 속제俗諦라 하고, 조건의 모임 그 자체처럼 있는 그대로의 모습으로 보면 진제眞諦가 된다. 『밀린다왕문경』 같은 초기 문헌에서는 꽃과 같이 조건이 모여 이루어진 '전체'는 따로 실재하지 않는다고 하면서도, '꽃'이라는 말은 모여진 조건을 한꺼번에 지칭하는 편리한 지시어라고 인정한다. 대승에서는 '꽃의 생멸'이 '조건이 모이고 흩어짐'이기 때문에 꽃은 실재가 아니라 허구 또는 환幻에 불과하다고 본다(非有). 그러나 꽃은 환으로서는 존재하여 우리 일상에서 편리하게 이용되고 있으니 이 세상에 존재하지 않는 것도 아니다(非無). 꽃은 묘하게 있다(妙有).

우리 가족에게 난을 남긴 할머니의 장례식에서 그와 인연이 깊었던 사람들을 많이 만났다. 그의 육신을 이루었던 조건은 이제 모두 흩어져 자연으로 돌아갔고, 그것은 각각 또 다른 조건과 모여 새로운 물체의 일부가 되기도 할 것이다. 그의 마음은 또 오랫동안 많은 이들에게 전해져 왔기 때문에 이미 그들의 마음을 이루는 조건의 일부가 되어 자리 잡고 있다. 나는 이렇게 모였던 조건이 흩어져 다른 곳에서 다른 조건과 다시 모이고 또 흩어짐을 반복하는 과정이 윤회라고 생각한다.

제12장

마음은 없다

이번 강의는 주제부터가 좀 충격적이다: 마음은 없다. 워낙 뜻밖의 주제이다 보니 이 주제를 이해시키기 위해 필요한 배경 설명이 많을 수밖에 없다. 그래서 이번에는 강의를 공식적인 강연처럼 일단 내가 하고 싶은 논의를 다 끝낸 다음에 학인스님들의 질문을 한꺼번에 받는 방식으로 진행하기로 했다.

'모든 것이 마음먹기에 달렸다, 모든 것은 마음이 만들어 낸다, 마음을 잘 챙겨라, 수행은 마음을 다잡는 데서 시작한다, 네 마음을 똑바로 보아라, 마음의 본성을 깨닫는 것이 성불成佛이다, 다양한 모든 불교교리는 결국 한마음(一心)에 대한 다른 표현들일 뿐이다, 삼라만상 모든 현상은 마음이라는 바다에서 일어나는 물결이다, 마음은 사물처럼 볼 수도 잡을 수도 없지만 실은 가지각색의 사물들을 바라보고 있는 그것이 바로 마음이다, 마음공부를 게을리 하지 말아라, ….' 이들은 모두 한국 불교계에서 하루에도 여러 차례씩 듣는, 귀에 익숙한 소리들이다.

현재 모든 불교사회 가운데 한국만큼 마음공부를 강조하는 곳도 없다. 스님과 재가법사 모두 '마음'이라는 말을 입에 달고 산다, 마치 마음 하나만 제대로 다룰 수 있으면 누구나 이르고자 하는 경지에 이를 수 있을 것처럼. 이러한 마음공부를 위해서는 책을 읽으며 이해하려고 해서는 안 되고 오로지 앉아서 호흡조절하면서 명상하고 참선해야 한다는 점이 특히 중요하다고도 한다. 그래서 마음공부는 문자文字를 쓰는 나 같은 심리철학 교수가 결코 도달할 수 없는 경지라는 소리를 귀가 따갑게 들어왔다. 그럼에도 불구하고 내가 보기에는 마음공부를 제대로 하려면 최소한 마음의 존재론적 성격과 그 본질에 대해서는 좀 알고 해야 할 것 같아 아무래도 몇 마디 해야겠다.

근본적으로 물리적인 이 우주 어디에 마음이 존재할까?
나는 먼저 2,500년 전 석가모니 시대의 세계관이 아니라 21세기를 사는 우리들의 세계관으로 마음의 존재와 그 본질을 규명해 보자고 제안한다. 오늘날 자연과학에서 물리학이 가장 앞선 분야라는 데는 학자들 사이에 이견이 없다. 물리학은 물질의 가장 미시차원으로부터 가장 거시차원의 속성들을 모두 연구하는 것을 임무로 하고 있고, 수학이라는 강력한 도구를 십분 활용해 다른 어떤 연구 분야도 따라오지 못할 만큼 앞선 결과들을 산출해 왔다. 그런데 우리 시대 최고의 지성인 물리학자들의 연구 및 관찰 결과에 의하면 이 우주 어느 구석에도 한국 불교계가 늘 입에 달고 사는 마음을 발견했다는 보고는 없다. 왜 그럴까.

붓다는 인간 존재가 오온五蘊으로, 즉 물질과 네 종류의 심리상태로 되어 있다고 분석했다. 그는 이 광대하고 복잡한 물리계는 그냥 하나의 범주에 넣어 버릴 수 있지만 마음속 심리상태는 네 가지 종류로 나누어야 할 만큼 다양하다고 보았다. 그리고 그는 심리상태들이 물질과는 분류를 달리 해야 할 정도로 다른 성격을 가지고 존재한다고 본 것 같다. 그래서 그는 존재세계가 한 가지 종류로 되어 있다고 본 일원론자(一元論者, monist)가 아니라 이원론자(二元論者, dualist)였다.

그런데 우리 한번 생각해 보자. 물질적 토대 없이도 심리상태가 과연 존재할 수 있을까? 뇌가 없는데도 우리가 생각하고 느끼고 또 감각을 가질 수 있을까? 붓다는 심리상태들이 몸에 의존하지 않고 존재하는 것 같이 말했고 또 불교역사상 유식학에서는 의식상태의 존재만 인정할 뿐 물리세계의 존재를 부정한다는 사실은 잠시 옆으로 제쳐 두고, 21세기를 사는 현대인의 입장에서 이 문제를 상식적으로 고려해 보자. 근본적으로 물질로 되어 있는 이 세계에 정말 아무런 물질적 토대 없이도 의식과 심리상태들이 존재할 수 있을까?

마음이 본질을 가지고 독립적으로 존재하는 실체라고 본 데카르트

서양에서는 수천 년 동안 마음(mind)을 물리세계에 종속되지 않고 영원히 불변하고 불멸한다는 영혼(soul)과 동일시했다. 그 대표적인 인물이 근대철학의 아버지라고 불리는 17세기의 데카르트다. 그에 의하면 마음과 물체(body)는 각각 독립적으로 존재하는 실체(實體, substance)로서 서로 상반되는 본질을 가지고 있다. 연기와 공空을 바탕으로 하는 불교에서는 실체와 본질의 존재를 부정否定하는데, 그렇게 부정하는 이유를 알기 위해서도 먼저 실체와 본질을 철학적으로 정의定義하고 설명해 보아야 하겠다.

　실체 = (정의) 독립적 존재(independent existence). 스스로
　　　　의 존재를 위해 다른 어떤 것도 필요하지 않은 것.

　예를 들어, 서양인들은 내 앞에 있는 물체인 책상은 그 스스로 존재할 뿐, 그 존재를 위해 다른 어떤 것의 도움도 필요하지 않기 때문에 독립적 존재인 실체라고 생각한다. 돌, 집, 물 등 등 모든 물체 또는 물질적 대상은 실체이다. 이와는 대조적으로, 이 책상의 그림자는 이 책상 없이는 존재할 수 없기 때문에 실체가 아니다. 당신이 좋아할지도 모르는 왈츠도 왈츠를 추는 사람 없이는 존재할 수 없어서 실체가 아니다. 얼굴의 미소,

책상의 표면도 얼굴과 책상 없이는 존재하지 못하므로 실체가 아니다.

그런데 앞서 「제9장 데카르트의 이 뭐꼬」에서 논의했듯이, 데카르트에 의하면 마음 또한 우리 몸에 의존하지 않고 독립적으로 존재하는 실체이다. 말하자면 몸 특히 뇌가 없어도 마음이 따로 존재한다는 것이다. 전통적으로 영원 불변불멸한다는 영혼의 존재를 믿어 본 적이 없는 동아시아인들에게는 생소한 소리인데, 영혼불멸설을 기본으로 하는 기독교 전통에서 수천 년을 산 서양인들에게는 그것이 상식으로 통했다. 그래서 데카르트는 마음과 물체를 모두 각각 실체라고 보았다.[*]

데카르트에 의하면 마음과 물체는 서로 정반대되는 본질을 가지고 있다. 여기서 본질이란 다음과 같이 정의된다.

본질 = (정의) 어떤 것이 이것 없이는 그 스스로일 수 없는
그것 (that without which something is not itself)

어떤 것의 본질은 그것을 그것이게끔 해 주는 필요불가결한

---

[*] 물론 신神만이 엄밀한 의미에서 유일한 독립적 존재이고 마음과 물체는 그 지속적 존재를 신이 넣어 준 힘(concurrence)에 의존한다는 면에서 단지 파생적 의미에서의 실체에 불과하다. 그러나 철학에서는 통상 이 점을 무시하고 논의를 진행한다.

속성이다. 물을 물이게끔 해 주는 속성은 그 분자구조인 H_2O
이기 때문에 H_2O의 분자구조를 갖는다는 점이 어떤 것을 물
이게끔 해 주는 본질이다. 금의 본질은 원자번호 79인 원소라
는 점이고, 또 유클리드 기하학에서 삼각형의 본질은 세 변으
로 이루어진 닫힌 다각형이라는 점이다.[*]

　데카르트에 의하면 물체의 본질은 외연(外延, extension, 공간
적 부피)이고 마음의 본질은 사유(思惟, thinking)이다. 공간적 부
피를 가지지 않으면 물질적 존재자가 아니고, 또 생각하지 않
는다면 마음이 아니다. 먼저 물리세계에 존재하고 있는 것들
을 살펴보자. 물질적인 것으로서 공간적 부피를 가지지 않은
것이 단 하나라도 있는가? 없다. 반대로, 공간적 부피를 가지
고 있는 것 가운데 물질적이지 않은 것이 단 하나라도 있는가?
없다. 데카르트의 물체의 본질에 대한 정의는 이와 같이 제대
로 기능하는 것 같다. 그리고 모든 물체는 공간적 부피를 가지
고 있기 때문에 쪼갤 수 있다는 점도 논리적으로 도출된다. 모
든 물체는 원칙적으로 나눌 수 있다(divisible). 만약 물리적으
로 더 이상 쪼개지지 않는 궁극의 입자가 발견된다고 해도 그

---

[*]　이러한 본질의 존재에 대한 믿음은 2,400년 전 플라톤 이래 서양철학
　을 관통하고 있는 전통으로서, 만물이 연기緣起하기 때문에 본질이 없
　어 공空하다는 불교의 가르침과는 정면으로 배치된다.

것은 최소한 수학적으로는 나눌 수 있다. 예를 들어 그 입자의 크기를 2로 나누면 반으로 쪼개는 셈이고 3으로 나누면 셋으로 나누는 셈이다.

한편 마음의 본질은 생각함이다. 어떤 주어진 존재자가 생각하지 않는다면 그것은 마음이 아니다. 그런데 데카르트가 말하는 생각함이란 논리적 사고와 같은 고차원의 인지기능만을 지칭하지 않고 마음의 모든 작용을 포함한다. 예전 강의에서도 살펴보았지만, 그는 감각작용, 감정, 의지, 기억 등과 같은 마음의 모든 작용을 생각함(thinking)이라고 불렀다. 그런데 데카르트는 마음이 결코 공간적으로 나누어질 수 없다고 보았는데, 이는 쉽게 이해하고 받아들일 수 있다. 예를 들어, 당신이 '한글을 창제한 분은 세종대왕이시다.'라고 생각할 때 이 생각을 공간적으로 (예를 들어, 반으로) 나눈다는 것은 전혀 의미가 통하지 않는 이야기다. 또, 올해 한국의 경제성장률이 중국 경제성장률보다 높았으면 좋겠다고 희망한다면 그 희망을 어떻게 공간적으로 나눌 수 있겠는가. 통증이나 간지러움이라는 감각, 그리고 사랑한다는 마음, 우울하다는 느낌, 질투 등의 감정도 공간적으로 쪼갤 수 없다. 여기서 데카르트 철학의 중대한 결론 하나가 도출된다. 공간 속에 존재하는 모든 것은 쪼갤 수 있기 때문에, 만약 원칙적으로도 나눌 수 없는 것이 있다면 그것은 공간 속에 존재하지 않는다. 그래서 결코 쪼개질 수 없는 우리의 마음은 공간 속에 존재하지 않는다고 결론짓게 된다.

데카르트는 마음과 물체가 각각 다른 본질을 가지고 있을 뿐만이 아니라 그 본질이 서로 필연적으로 정반대의 속성을 가지고 있다고 주장한다. 마음은 생각하지만 결코 외연이 없고 (다시 말해, 공간적 부피가 없어서 공간 속에 존재하지 않고), 반면에 물체는 외연은 있지만 결코 생각하지는 않는다.* 그런데 마음을 이렇게 물체와는 정반대의 본질을 가지고 물질적 바탕 없이도 독립적으로 존재한다고 보았기 때문에 데카르트는 결국 철학적으로 넘지 못할 벽에 부딪히게 된다.

데카르트의 마음은 이 세계의 아무것도 바꾸거나 변화시킬 수 없다

나는 한국불교계 일부에서 무비판적으로 접근하고 있는 마음이라는 것이 실은 데카르트의 마음과 차이가 없다고 생각한다. 마음이야말로 나를 진정한 나이게끔 해 주는 바로 그 것이라고 보는 입장인데, 데카르트도 나를 '생각하는 존재자(thinking thing)'로서 이해하며 나란 다름 아닌 나의 마음이라고

---

* 데카르트는 컴퓨터나 뇌와 같이 공간속에 존재하는 물체는 사고의 주체가 될 수 없다고 할 것이다. 오직 마음(그는 영혼과 마음을 동일시했다)이나 천사 그리고 신神과 같이 순수하게 영적靈的인 존재자만 사고가 가능하다고 볼 것이다.

주장했다. 참마음이 나를 나이게끔, 즉 참나이게끔 해 주며, 이 참마음은 나의 물질적 바탕과는 독립적으로 존재한다. 다시 말해 이 몸뚱이와 그 속의 축축한 뇌와는 아무 상관없이 독자적으로 존재한다. 그런데 이렇게 공간 속에 존재하는 물체로부터 분리되어 스스로 그 정반대의 본질을 가지고 독립적으로 존재하는 실체로서의 마음은 바로 그런 이유 때문에 이토록 근본적으로 물리적인 세계에는 한 발자국도 들어올 수 없다는 난제에 직면하게 되고 만다.

데카르트 생존 당시 이미 보헤미아의 엘리자베스 공주는 서신으로 데카르트에게 마음과 물체가 그토록 정반대의 본질을 가지고 있다면 어떻게 인과적인 상호작용이 가능하냐는 질문을 던진다. 마음은 생각함이 본질이지만 공간 속에 존재하지 않는데, 생각하지는 못하지만 공간 속에 존재하는 물체를 마음이 어떻게 움직이고 변화시킬 수 있느냐는 문제를 지적한 것이다. 예를 들어, 내 마음이 오른손을 들기를 원한다고 해도 공간 속에 없는 마음이 어떻게 공간 속으로 들어와 오른손이 올라가게 만들 수 있는가? 또 그 반대의 경우도 문제가 된다. 내 손에 큰 상처가 나서 무척 아플 때도 공간 속에 있는 내 몸의 변화가 어떻게 공간 속에 존재하지 않는 마음에 전달될 수 있는가? 데카르트도 이 문제의 심각성을 인식하고 이런저런 논증을 통해 해결하려고 했지만 어느 시도도 신통치 못했고,

결국 그가 이 문제를 명확하게 설명하지 못했다고 스스로 시인했다. 그리고 그 이후 지금까지 데카르트의 견해를 따르는 그 어느 학자도 이 문제를 해결하지 못했다.

우리는 몸을 움직이며 우리의 의지를 주변 환경에 투사하여 환경에 적응하고 자연을 변화시켜 우리 삶에 더 잘 맞도록 바꾸어 왔다. 이런 과정이 우리가 삶과 세계에 임하는 모습이라고 이해하고 있고, 인류는 이런 면에서 대단히 큰 성공을 거두어 왔다. 그런데 본질을 가지고 독립적으로 존재하는 실체인 데카르트식의 영혼으로서의 마음과 한국불교계 일부에서 말하는 신비한 아뜨만과 같은 참마음은 그 속성상 공간 속에 존재하지도 않기 때문에 결코 공간 속에 존재하는 이 물리세계에 들어올 수조차 없다. 따라서 외연이 없는 실체로서의 마음 또는 참마음으로는 지금까지의 인류역사가 보여준 인간의 지성과 의지가 자연에 성공적으로 개입해 온 현상을 전혀 설명해 주지 못한다. 그래서 우리는 실체로서의 마음 또는 참마음이 근본적으로 물리적인 우리 세계에 존재하지 않는다고 결론지어야 한다. 마음은 없다.

현대 영미英美권의 심리철학자들은 다음과 같은 드라마틱한 질문으로 위의 요점을 부각시킨다. '존재세계에서 마음을 모두 제거한다고 해서 근본적으로 물리적인 이 자연세계에 어떤 변화가 있을까?' 이 질문에 대해 철학자들은 '아무 변화도 없을 것이다.'라고 답한다. 지금까지 뇌의 작용을 비롯한 모든 물리현상은 공간 속에 들어오지도 못하는 실체로서의 마음의 작용과는 독립적으로 진행되어 왔고 또 앞으로도 그럴 것이기 때문에, 이 세계는 마음의 존재 여부와는 상관없이 지금까지와 마찬가지로 흘러갈 것이다. 그래서 데카르트의 마음이나 한국불교 일각에서 말하는 참마음은 결국 우리가 살고 있는 이 세계에서는 하는 일이 아무것도 없어 그 존재가치가 없는 것들이다. 다시 말해, 마음 또는 참마음은 우리 세계에 존재할 이유가 없다.

이번 강의의 주제와는 다소 거리가 있지만, 지금까지의 우리 논의는 서양종교에서 전능하다고 말하는 신神의 존재에 대해서도 그대로 적용된다는 점을 간단히 논하겠다. 그들의 신이 있다면 전적으로 정신적이고 영적靈的인 존재일 텐데, 그런 완벽한 존재가 모든 면에서 불완전하고 한정된 영역인 물리세계의 일부로서 존재할 것 같지는 않다. 데카르트의 마음과 같이 신도 공간을 초월해서(?) 공간 밖에 존재한다. 그러나 그렇다면, 데카르트가 직면했던 마음의 문제와 마찬가지로, 신도 이 물리세계의 변화와 움직임에 인과적으로 개입할 수 없다. 공간 속에 존재하지도 않는 신이 공간 속에만 존재하는 이 물리세계에서 아무 일도 할 수 없다는 이치 때문에 그렇다. 결국 서양종교의 신은 비를 내리거나 천둥 번개를 일으킬 수 없다. 서

양인들의 전통적 상식과 일치하는 데카르트의 철학 체계를 따르자면 그렇다.

정말 마음이 없을까?

지금까지 '마음은 없다.'라고 몇 번 말했지만, 그것은 실은 데카르트가 말하는 대로 본질을 지니고 독립적으로 존재하는 실체로서의 마음이 없다는 뜻이고, 또 한국불교계 일부에서 말하는 형용할 수 없는 오묘한 본질을 가진 실체로서의 참마음이 없다는 뜻이지, 실체가 아닌 다른 형태로 존재할 수도 있는 심리상태들의 존재까지 부정한 것은 아니다. 그리고 위에서 붓다가 가르친 오온五蘊에서 수상행식受想行識 네 가지 심리상태를 언급했는데, 이 네 종류의 다발들은 실체가 아니라 연기하며 생멸하는 심리상태(mental states) 또는 심리현상(mental phenomena)으로 이해해야 한다. 현대 신경과학이나 생리학 그리고 철학은 실체로서의 마음은 인정하지 않지만 뇌에서 일어나는 이러저러한 물리현상에 존재론적으로 의존하며 생멸하는 의식 또는 심리상태가 있음을 암묵적으로 인정하며 그 속성을 연구하고 있다. 말하자면 독립적인 실체로서의 마음은 없다고 해도 현상(現像, phenomenon) 또는 가(假, provisional)로서의 심리상태 또는 심리현상의 존재까지 부정하는 것은 아니다. 연기에서 벗어난 본질을 가진 실체로서의 '경직된' 마음은 존재하지 않지만, 물리현상에 의존하며 변화하는 심리상태 또는 심리현상으로서의 '말랑말랑한' 마음은 실제로 존재할지도 모르기 때문이다.

여기까지 강의를 마쳤을 때 학인스님들이 무척 곤혹스러운 표정으로 질문하기 시작했다.

반야 스님: 심신 사이의 인과적 상호작용은 분명히 존재합니다. 특히 감성 등과 관련해서는 더욱 그렇지 않습니까?

답변: 몸과 마음 사이에 인과가 일어난다는 점은 저뿐만 아니라 데카르트조차도 인정합니다. 그런데 문제는 물질적 존재인 몸, 특히 뇌로부터 독립적으로 존재하며 공간 속에 있지도 않은 마음, 아뜨만, 참나, 또는 참마음으로는 그런 상호작용을 설명할 수 없다는 점입니다. 만약 마음이 존재하고 또 몸과 인과적으로 연결되어 있다면 다른 방식으로 존재해야 합니다. 아뜨만이나 참나와 같은 방식으로는 안 됩니다.

극락 스님: 참나나 참마음은 몸과 인과적으로 상호작용하는 것이 아니라고 보아야 하지 않을까요? 처음부터 그런 인과적 관계를 초월해 존재하는 것 아닙니까?

답변: 만약 참나나 참마음이 우리 몸에 아무런 영향도 끼칠

수 없어서 우리 삶에 아무 도움이 못된다면 우리는 오히려 그것이 아무 쓸모가 없는 것들이라고 보아야 하지 않을까 하는 생각이 듭니다.

백련 스님: 붓다가 수행으로 깨달았는데 그것은 그의 몸과 마음이 연결되어 있어서 가능했던 것 아닙니까?
답변: 분명히 그랬을 겁니다. 동의합니다. 그런데 문제의 요점은 몸과 마음이 연결되어 있지 않다는 것이 아니라 데카르트식의 마음이나 아뜨만, 참나 같은 것으로는 그런 연결성을 설명할 수 없다는 것입니다.

다른 강의에서는 코멘트나 질문을 융통성 있게 받아주던 내가 이번에는 모든 질문을 하나하나 빡빡하게 반박해서 학인스님들이 좀 의아하게 여겼을지도 모르겠다. 그러나 불교는 만물이 조건에 의해서 생성·지속·소멸하기 때문에 아무것도 독립적으로 존재하는 실체일 수 없다는 붓다의 연기법을 가르친다. 그러한 불교 안에서 불교의 이름으로 아무 조건에도 의존하지 않는다는 독립적인 존재로서의 마음, 참나, 참마음을 계속 설하는 것을 더 이상 좌시할 수 없어서 그럴 수밖에 없었다. 이런 마음의 존재는 붓다의 연기법에 어긋난다.

제13장

내 마음은 내 것이 아니다

지난 강의에서 나는 마음은 없다고 주장했다. 그런데 이제 백보 양보해서 당신의 마음이 존재한다고 해도 나는 그것이 당신 것이 아니라고 또 주장하려 한다. 나는 지금 여기서 불교의 무아론無我論으로 '처음부터 당신이란 존재가 없으니까 당신이 마음을 소유할 수도 없다'는 식으로 쉽게 끝내는 주장을 하는 것이 아니다. 그와는 반대로, 우리가 일상에서 상식으로 믿는 것처럼 당신이 정말 존재하고 또 당신의 마음도 우리가 매일 이야기하듯이 똑바로 깨어 있다고 해도 그 마음은 당신 것이 아니라는 좀 다른 이야기를 하려고 한다.

이번 강의는 그 내용이 충격적인 것은 없지만 현대의 서양철학계 밖에서는 그다지 알려지지 않은 내용이 대부분이다. 그래서 학인스님들은 토론보다는 내용의 이해와 정보의 습득에 더 주의를 기울이게 될 것 같다. 주요 논지는, 실은 지난 반세기 동안 서양 철학자들이 연구한 '심리상태의 내용'에 대한 논의를 바탕으로 하고 있다. 이는 어떤 심리상태의 내용이 그것 자체에서 내적內的으로 정해지는 것이 아니라 그런 심리상태가 속한 주변 자연환경 또는 사회환경과의 관계에 의해서 외적外的으로 결정된다는 주장이다. 마음이 가진 가장 중요한 기능이 언어 및 개념 등을 그 안에서 처리함으로써 언어의 의미와 사고思考의 내용을 다루는 것인데, 현대 서양의 언어철학과 심리철학은 이 기능이 마음 자체에 의해서 독자적으로 작동하지 않고 마음이 환경과 맺는 관계를 통해서 가능하다고 본다.

위와 같은 현대 서양철학의 결론이 옳다면 내 마음이란 알고 보면 내가 가지고 노는 것이 아니라 주변 환경이 가지고 노는 셈이 된다. 그래서 내가 마음을 가지고 있다고 하더라도 그것은 내가 가지고 놀 수 있는 것이 아니라서 실은 내 것이 아니라고 보아야 한다. 가장 쉬운 예부터 들자면, 우리가 마음속에서 어떤 이름으로 사람을 가리키는 경우에도 우리 마음대로 할 수 있는 일은 없고 단지 사회적 및 역사적으로 형성된 연결 고리를 따라가서 그 사람을 지칭하게 된다.

인과의 고리(causal chain)

우리는 이순신 장군과 관련된 많은 역사적 사실을 알고 있다. 어릴 적부터 임진왜란에서 나라를 구한 이 충신에 대한 숱한 일화와 영웅담을 들어왔다. 누구나 '이순신'이라는 이름으로 500여 년 전에 살았던, 전설보다도 더 멋진 이 인물을 이야기해 왔다. 한국인뿐만 아니라 이순신에 대해 아는 바가 거의 없는 외국인도 '이순신'이라는 이름으로 우리 역사에 존재했던 이 분을 가리킨다. 여기서 철학자들은 질문한다. 이 고유명사가 어떻게 500여 년 전에 살았던 인물을 제대로 찾아 지시할 수 있는가?

위의 질문에 답하기 위해 먼저 우리가 이순신에 대해 알고 있는 이야기들이 실은 모두 원균이 이룩한 업적들이라는 반反사실적 상황(counterfactual situation)을 가정해 보자. 칠천량 해전에서 잘못된 판단으로 조선수군의 궤멸을 초래하고 전사한 사람이 이순신이고, 한산대첩, 명량해전, 노량해전 등에서 승리한 사람이 원균이라고 상상해 보자. 만약 이와 같이 우리가 이순신에 대해 알고 있는 내용이 모두 원균에 대한 것들이라면, 우리는 '이순신'이라는 고유명사로 실제로는 원균을 가리키는 것일까? 그리고 '원균'이라는 고유명사는 이순신을 가리킬까?

우리의 직관은 '그렇지 않다'고 답하게 한다. 비록 이순신이 아무 해전에서도 승리하지 못했더라도 이순신은 이순신이 아니었던 것이 아니어서, 우리는 '이순신'이라는 고유명사로 여전히 이순신을 가리킬 것이다. 원균에 대해서도 마찬가지다. 우리는 역사상 아리스토텔레스가 알렉산더대왕의 스승이었다는 점을 알고 있는데, 만약 아리스토텔레스가 알렉산더를 실제로 가르친 적이 없었고 또 아리스토텔레스가 철학자조차 아니었더라도 그는 여전히 아리스토텔레스였을 것이라는 점에 동의한다. 그리고 이런 반사실적 상황에서도 우리가 '아리스토텔레스'라는 이름을 언급할 때마다 아리스토텔레스가 제대로 지칭되리라는 점에도 동의한다. 이런 통찰은 20세기 후반 미국 철학자 솔 크립키(Saul Kripke)에 의해 이루어졌는데, '이순신'이나 '아리스토텔레스'와 같은 고유명사의 기능은 그 지시되는 대상에 대한 기술(description)이 아니라 단지 지칭(designation)일 뿐이라는 그의 주장에 대부분의 철학자들이 동의해 왔다.

그러면 여러 세기 전에 살았던 인물들에 대한 이런 제대로 된 지칭은 어떻게 가능할까? 크립키에 의하면 우리 세계에는 '이순신'이라는 고유명사를 500여 년 전에 살았던 이순신으로까지 연결해 주는 인과의 고리가 있기 때문이다. 그 옛날 이순신의 부모가 태어난 아기를 '이순신'으로 명명命名했을 것이고, 그 이름은 당시 사람들에 의해 사람에서 사람으로, 즉 (인과의) 고리에서 고리로 퍼져 나갔다. 오랜 세월이 지난 오늘날까지도 우리는 이런 인과의 고리들을 통해 전해 내려 온 그 이름을 그대로 쓰고 있다. 그래서 설혹 이순신에 대해 우리가 알고 있는 내용이 많이 잘못되었더라도 이런 인과의 고리가 사회적으로 또 역사적으로 존재하기 때문에 우리가 언급하는

'이순신'이라는 이름이 500여 년 전 이순신으로까지 성공적으로 연결된다. '아리스토텔레스'와 같은 다른 모든 고유명사도 마찬가지다.

위의 통찰이 마음에 대한 우리 논의의 맥락에서 중요한 이유는, 우리가 마음속에서 이순신을 떠올리고 그의 이름을 말하더라도 우리 마음은 마음속의 이순신을 역사상의 그 인물로 연결해 줄 수 없기 때문이다. 그런 연결은 오직 마음 밖에서, 우리 사회와 역사 안에 존재하는 인과 고리를 통해서만 가능하다. 마음이 다루는 무수히 많은 이름들은 마음 자체가 아니라 마음이 속한 사회와 역사라는 환경의 기능에 의해서만 쓸모 있게 된다. 마음이 내적內的으로, 독립적으로 할 수 있는 일은 우리 생각보다 훨씬 적다. 어쩌면 전혀 없을지도 모른다.

언어노동의 분업(division of linguistic labor)

지금은 작고했지만 한국을 방문하기도 한 미국철학자 힐러리 퍼트남(Hilary Putnam)은 '느릅나무(elm)'와 '너도밤나무(beech)'라는 두 단어를 예로 들어 우리가 일상적으로 사용하는 말, 특히 보통명사의 뜻이 우리 마음속에서 결정되지 않는다고 주장했다. 다시 말해, 내가 쓰는 말의 뜻은 내 마음속에서 내가 결정하는 것이 아니고 내가 쓰는 말이 속한 언어공동체(linguistic community) 전체의 분업을 통해서 결정된다고 하며 그 점을 아래와 같이 논증했다.

미국 동부에는 느릅나무길(Elm Street)과 너도밤나무길(Beech Street)이라는 길 이름이 이곳저곳에 흔한데, 아마 원래는 이런 나무들이 많이 심어져 있어서 그렇게 이름이 붙었는지도 모르겠다. 그런데 오늘날 대도시에 사는 미국사람들 대부분은 한국의 도시사람들과 마찬가지로 느릅나무와 너도밤나무를 구별할 줄 모른다. 그래도 우리는 '느릅나무'와 '너도밤나무'라는 말을 서로 의사소통하는 데 아무 불편 없이 잘 사용한다. 비록 각자는 느릅나무와 너도밤나무를 찾아 구별할 줄 모르면서도 이 말들이 무엇을 의미하는지에 대해서는 서로 이견異見이 없다. 나무에 무지한 도시사람들 사이에서 이런 현상이 어떻게 가능할까?

퍼트남은 우리 언어공동체 안에 있는 나무 전문가들의 존재와 그들의 도움으로 이런 의사소통이 가능하다고 본다. 우리가 '느릅나무' 또는 '너도밤나무'라는 단어가 지칭하는 나무에 대해 질문거리가 있으면 그때마다 식물학자에게 물어보아 문제를 해결하면 되기 때문이다. '느릅나무'나 '너도밤나무'라는 말도 처음에는 이 두 종류의 나무를 구별할 줄 아는 사람에 의해 사용되기 시작해 다른 사람에게도 그 쓰임새가 전달되었다가 결국 이 두 나무를 보지도 못한 사람에게까지 그 단어들이 퍼져 나가게 되었을 것이다. 그리고 이렇게 사람에서 사람으로 퍼져 나가는 연결고리가 전문가에까지 이어지기 때문에 우리는 사용하는 말의 정확한 의미나 그 지시대상에 대한 분명한 지식이 없어도 그 말을 사용하는 데 불편이 없다. 이와 같은 설명은 나무뿐 아니라 우리 일상생활에서 사용하는 다른 모든 단어들에도 그대로 적용될 수 있다.

언어공동체에는 분야마다 전문가가 있어서 우리가 사용하는 말의 정확한 의미와 지시체를 확보해 줄 수 있다. 그래서 비전문가가 쓰고 있는 말을 스스로 엄밀히 정의定義하지 못하거나 또 그것의 지시 대상을 구별하지 못하더라도 언어 사용에 문제가 없는 것이다. 이와 같이 사회에는 언어노동에 있어서의 분업이 이루어져 있고 그것이 언어생활을 가능하게 하는 원동력이다. 내가 쓰는 말의 의미는 내가 아니라 내가 속한 언어공동체 안의 전문가 집단의 기여에 의해서 정해진다.

마음을 구성하는 가장 중요한 요소는 마음이 가진 의식상태가 어떤 내용을 품고 있는가이다. 선한 생각을 가지면 선한 마음이고 악한 생각을 품으면 악한 마음이 된다. 그래서 심리상태 또는 의식상태에 본질이 있다면 그것은 그 상태의 내용(content)이다. 그런데 위에서 살펴본 논의에 의하면 언어를 사용하는 내 의식상태의 내용은 나에 의해서가 아니라 내가 속해 있는 언어공동체에서 내가 다른 사람들과 맺고 있는 어떤 관계를 바탕으로 그 사람들에 의해 결정된다. 그렇다면 내 의식상태의 내용이 내가 결정한 것이 아니고 따라서 그런 의식상태의 내용은 진정으로 내 것은 아니라는 말이 된다. 그리고 내 마음이 생각하는 모든 것의 내용이 내 것이 아니라면 내 마음 또한 내 것이라고 보기 어려울 수밖에 없다. 이것이 내가 마음을 가지고 있더라도 그것은 내 것이 아니라는 이유다.

언어공동체와의 관계에 의해 말의 참 거짓도 바뀐다

또 다른 미국철학자 타일러 버지(Tyler Burge)는 퍼트남의 견해와 같은 노선에서 우리가 어떤 단어를 이용해 문장을 만들 때 이 문장이 제대로 쓰여 참인 문장이 되는가의 여부는 이 말이 실제로 어떤 사회 안에서 쓰이고 있는가에 의해 결정된다고 설명한다.[*] 그의 예를 다소 변형해 이야기를 풀어보겠다. 어떤 이가 다리뼈에 염증이 생겼는데 병원에 가서는 arthritis(관절염)에 걸렸다며 의사에게 진료 및 치료를 요구하는 상황을 가정해 보자. 그런데 arthritis란 관절에만 생기는 염증이지 관절이 없는 다리뼈에 생기는 질환이 아니다. 우리 사회의 의사는 그렇게 설명해 줄 것이고, arthritis를 잘못 이해하고서는 '다리뼈에 arthritis가 생겼다.'고 한 이 환자의 말은 참이라고 받아들

---

[*]   Burge, Tyler (1979), "Individualism and the Mental," *Midwest Studies in Philosophy* 4: 73-121.

여질 수 없다.

그런데 남미 어디엔가 외부세계와 많이 고립된 사회가 있는데 오래 전에 이 지역으로 이주한 영어권 사람들이 어쩌다가 'arthritis'라는 말이 관절뿐 아니라 뼈에 생기는 염증까지도 포함해 지칭하게 된 경우를 상상해 보자. 만약 우리의 환자가 우연히 이곳을 여행하다가 다리뼈에 염증이 생겨 그 지역 의사를 찾아가 arthritis(?)를 치료해 달라고 부탁하면 그 의사는 제대로 찾아왔다고 하며 치료에 나설 것이다. 우리 입장에서는 이 환자의 증상은 arthritis가 아니지만, 이 환자가 말하는 '다리뼈에 arthritis가 생겼다.'라는 동일한 문장이 이 지역에서는 참으로 받아들여진다. 같은 말이라도 쓰이는 사회가 바뀌다보니 거짓이었던 문장이 참으로 바뀌게 되는 것이다.

위의 예는 우리가 속한 사회에 따라 우리가 하는 말의 참 거짓이 다르게 결정되곤 한다는 논지를 전해 준다. 퍼트남식으로 표현하자면, 우리가 소속하게 되는 다른 언어공동체의 다른 전문가 집단들의 다른 견해에 따라 우리가 하는 말의 참 거짓이 달리 결정된다는 것이다. 물론 굳이 전문가 집단을 특정하지 않고서도 다수의 언어사용자들이 사용하는 방식으로 말의 내용과 그 참 거짓이 정해진다고 보아도 무리가 없겠다. 소속하는 사회에 따라 우리가 하는 말의 내용과 참 거짓이 결정된다는 이야기는, 결국 언어로 표현되는 의식상태의 내용이

자기 안에서 자기 맘대로 결정되는 것이 아니라 그 말이 사용되는 사회와의 전체적인 관계의 맥락에서 정해진다는 것이다. 이 경우에도 내 의식상태의 내용이 내 것이 아니라는 것이고, 따라서 내 마음은, 그것이 존재하더라도, 내 것이 아니라고 보아야 한다.

언어노동의 분화가 없더라도 내 마음은 내 것이 아니다

그런데 내 마음이 내 것이 아니라는 진리는 언어공동체 또는 소속된 사회와 같은 인간집단이 전혀 존재하지 않는 상태에서도 여전히 성립한다. 힐러리 퍼트남의 유명한 쌍둥이지구(Twin Earth)의 예를 조금 변형하여 이 점을 설명해 보겠다.

우리 지구상에는 강과 호수를 가득 채우고 있는 무색무취의 투명한 액체가 있다. 사람들은 이 액체를 마시고 갈증을 해소하며 생존해 나간다. 한국인들은 그것을 '물'이라고 부르며, 과학자들은 물이 H_2O의 분자구조를 가지고 있음을 이미 오래전에 밝혀냈다. 그런데 어느 날 마치 영화처럼 신종 바이러스가 창궐하여 인류가 전멸하고 학교에 다닌 적이 없는 나이 어린 다섯 살짜리 길동이만 살아남았다고 가정해 보자. 길동이는 혼자서 먹을 것을 찾고 물을 마시며 겨우겨우 생존해 나간다. 그런데 생태계도 바이러스 때문에 점점 피폐해져 길동이는 더 이상 살아남기 어렵게 된다. 이때 우연히 지구를 지나가던 외계인들이 길동이를 가엾게 여겨 길동이를 수만 광년 떨어진 곳에 있는 지구와 완전히 똑같이 생긴 행성(쌍둥이지구)에 데려다 주고 그들은 갈 길을 간다. 길동이는 이제 깨끗한 자연환경에서 새로 먹을 것을 찾아 먹고 마실 물도 마시면서 꿋꿋이 살아 나간다.

그런데 길동이가 전혀 모르고 있지만 이 쌍둥이지구에는 원래의 지구와 다른 것이 하나 있다. 이 쌍둥이지구의 강과 호수 등을 채우고 있는 무색무취의 투명한 액체는, 비록 길동이는 '물'이라고 중얼거리며 목마를 때마다 마시지만, 실은 그 분자구조가 H_2O가 아니라 XYZ라는 전혀 다른 액체이다. 전에 있던 지구에서나 지금 사는 쌍둥이지구에서나 길동이는 목마를 때마다 무색무취의 투명한 액체를 마음에 떠올리며 찾아 마시는데, 지구에 있을 때는 목마른 길동이의 의식상태가 H_2O의 분자구조를 가진 액체와 연결되어 있었지만 쌍둥이지구에서는 그 의식상태가 XYZ라는 전혀 다른 분자구조를 가진 액체와 연결된다. 학교를 다닐 기회가 없던 나이어린 길동이가 이런 차이를 알 도리가 없다. 또 그 차이를 알려줄 어떤 전문가도 없다. 그러나 그럼에도 불구하고 지구에 있을 때 길동이의 마음상태는 H_2O를 지향했었고, 이제 쌍둥이지구에서는 같은 마음으로 XYZ를 지향한다. 이런 차이를 길동이가 의도적으로 만들어 내는 것은 물론 아니다. 그러나 길동이가 각기 다른 자연

환경과 맺는 관계에 의해 그의 의도와는 상관없이 그가 가진 의식상태의 내용이 바뀌게 된다.

위의 논의는 나의 의지와는 상관없이 내가 맺고 있는 환경과의 어떤 형이상학적 관계에 의해 내 심리상태의 내용이 결정된다는 점을 보여주고 있다.* 물론 물뿐만 아니라 존재하는 모든 것에 대해 같은 구조의 논의가 적용된다. 이는 위에서 퍼트만이 지적한 언어공동체 안의 전문가 집단이나 버지가 말하는 소속 사회조차도 존재하지 않는 경우라도 내 마음의 의식상태는 그것이 이 우주 삼라만상과 맺는 형이상학적 관계에 의해 그 내용이 결정된다는 것이다. 내 마음의 내용은 내가 아니라 나를 둘러싸고 있는 환경에 의해 결정된다. 그래서 내 마음은 내 것이 아니다.

여기까지 해서 강의를 마쳤는데, 놀랍게도 학인스님들은 미소를 지을 뿐 아무 질문이나 코멘트가 없었다. 지난 번 강의에서 데카르트식으로 이해하는 마음 또는 참나가 몸과 상호작용할 수 없다는 주장에는 많은 반대 논의가 있었는데, 내 마음이 존재하더라도 그것은 내 것이 아니라는 오늘 강의에는 미소

---

* 여기서 '형이상학적 관계'라고 표현하는 주된 이유는 달리 더 적절한 표현이 없어서이다. 이와 관련된 상세한 형이상학적 논의는 본고의 범위를 벗어나기 때문에 다른 기회로 미루기로 한다.

로만 화답했다. 내 생각으로는 아마도 마음이 그 자체로가 아니라 다른 것들과의 관계 속에서 존재한다는 현대 서양철학의 견해가 불교의 전통적인 대승의 견해, 특히 화엄의 법계연기론과 잘 어울려서 그랬던 것 같다.

제14장 /

과학혁명과 돈오頓悟 그리고 대자유

요즘 누구나 들고 다니는 스마트폰은 현대 과학기술이 만들어 낸 경이로운 물건으로 이미 우리 일상에서 필요불가결한 물건이 되었다. 21세기가 과학기술의 시대라는 점은 그 누구도 의심할 수 없다. 산중에서 불도를 닦는 승가대학의 학인스님들도 누구나 스마트폰을 가지고 있고 또 대부분 개인 컴퓨터로 공부한다. 2천5백년 된 복장과 헤어스타일을 한 스님들이 첨단과학기술의 총아인 전자기기를 사용하는 모습에 가끔은 웃음도 짓게 되지만, 스님들도 문명의 이기를 사용하여 더 효과적으로 수행과 전법에 힘쓰는 것이 당연하다.

그런데 이런 첨단과학의 시대에 불교는 과학과의 관계를 어떻게 정립해야 좋을까? 다른 대부분의 종교가 그렇듯이 불교도 과학과는 담을 쌓고 서로 외면하며 따로 길을 가야 옳을까? 근세 이후 서양에서는 종교와 과학이 서로 상극의 길을 걸어왔다. 기독교의 교리에 반하는 이론을 주장한다고 해서 다수의 최고 과학자들이 교회에 의해 처형당하기도 했다. 17세기

뉴턴의 성공 이후 기독교가 과학에 백기를 들기는 했지만, 둘 사이의 긴장관계는 아직도 계속되고 있다. 이런 상황에서 20세기 최고의 물리학자였던 아인슈타인은 미래에 살아남을 유일한 종교는 불교밖에 없을 것이라고 예언하기도 했다. 나는 아인슈타인이 옳았다고 생각한다. 불교의 가르침은 대단히 과학적이기 때문에 그렇다. 그래서 본 강의에서 나는 과학의 성격에 대해 알아보고 또 그런 과학과 불교가 어떻게 어울릴 수 있는가를 살펴보려 한다.

과학의 성격을 파악하려면 먼저 과학지식이 어떤 과정을 거쳐 발전되어 왔는가를 이해해야 한다. 우리는 보통 과학지식이 점진적 축적 과정을 통해 이룩되어 왔다고 생각한다. 오랜 옛날부터 지식이 조금씩 모여서 자연의 작은 부분을 설명하는 가설이 만들어졌을 것이고, 그런 가설이 증명되고 체계화된 이론들이 점점 모여 자연의 더 많은 부분을 설명하고 예측하는 포괄적인 과학이 완성되었다고 믿는다. 그런데 우리 상식과는 달리 과학은 이렇게 점진적 과정을 통해 성장하지 않는다.

코페르니쿠스의 지동설은 당시까지 정설로 받아들여진 톨레미의 천동설로부터 점진적 개선 과정을 거쳐 탄생하지 않았다. 지구가 고정되어 있다는 전제 아래 천체들이 지구 주위를 돈다는 천동설을 아무리 갈고 닦아도 지구가 돈다는 지동설이 나오지 못한다. 근대 천문학은 천동설의 전제를 완전히 뒤집어 움직이는 것은 태양이 아니라 지구라는 새로운 전제를 받아들이는 '혁명적' 변화를 거쳐 완성되었다. 천동설이 지동설로 바뀐 변화는 우주를 바라보는 관점을 정반대로 바꾼 극적劇的인 과학혁명이었다.

다윈의 진화론은 그 이전 이천여 년 동안 지속된 생명계에 대한 아리스토텔레스의 목적론을 기계론적 설명으로 바꾸었다. 다윈은 생명체와 종種이 주어진 완벽한 목적을 향해 발생하고 진화한다는 종래의 목적론적 설명을 생명체와 종도 다른 물리현상과 마찬가지로 환경과 상호작용하는 인과因果 과정을 통해 기계적으로 변화할 뿐이라는, 혁명적으로 다른 설명을 제시했다. 아리스토텔레스의 목적론을 아무리 정교히 다듬어도 다윈의 인과적 기계론이 도출되지 않는다. 이런 변화는 목적론적 전제를 기계론으로 대체하는 극적인 변화, 즉 혁명을 통해서만 가능하다.

과학혁명은 그 이전 이론의 개념과 세계에 대한 해석을 바꾼다. 예를 들어 뉴턴 역학에 있어서의 질량, 시간, 그리고 공간과 아인슈타인의 상대성이론에서 말하는 시공간과 질량은 다른 물리적 속성이다. $E=mc^2$라는 공식으로 잘 알려진 대로 상대성이론은 질량과 에너지가 상호 교환된다고 본다. 뉴턴 역학에서는 그런 통찰이 없다. 뉴턴은 시공간을 절대량으로 생각했지만, 아인슈타인은 시간이 빠르거나 느리게 관찰될 수 있고 또 공간도 휘어진다고 보았다. 옛 이론을 교체한 새 과학 이론이 비록 같은 단어를 사용하더라도 그 의미와 해석은 다르다.

존재세계에 대한 불교적 이해는 일상의 상식을 완전히 뒤집는 혁명적 변화를 거쳐야 이룰 수 있다. 우리는 만물이 스스로 존재하며 그 스스로를 규정짓는 본성 또는 자성을 가지고 있다고 믿는다. 예를 들어 저 산의 큰 바위는 아무것에도 의지하지 않고 스스로 존재하며 바위로서의 속성을 스스로 가지고 있다고 생각한다. 그런데 불교는 만물이 조건에 의해 생성·지속·소멸한다는 연기緣起를 가르치며 어느 사물도 독립적으로 존재하는 실체로 실재實在하지 않는다고 본다. 그리고 그런 실재를 가능하게 하는 자성 또한 없어 공空하다고 주장한다. 가히 혁명적인 주장들이다.

세계를 인식하는 과정에 대해서도 불교는 상식과는 전혀 다른 관점을 가진다. 우리는 사물을 그것이 생긴 그대로 보고 인식한다고 믿는다. 빨간 장미는 우리가 보고 느끼는 대로 빨갛고 또 모양과 향기도 실제로 그럴 것이라도 생각한다. 모차르트의 선율 또한 객관적으로 아름다운 음악을 우리가 그렇게 느끼고 즐긴다고 쉽게 믿는다. 그러나 불교는 사물과 우리의 감각기관 또 그에 해당하는 의식이 연기하여 인식이 이루어진

다는 근경식根境識의 삼사화합三事和合을 가르친다. 우리의 인식능력과 별도로 객관적으로 존재하는 장미도 또 음악도 없다. 이것은 우리의 인식에 대한 혁명적으로 다른 관점이다.

나는 현응 스님이 그의 『깨달음과 역사』에서 주장한 '혁명적 깨달음'으로서의 돈오에 대체로 동의한다. 흔히 돈오를 한 순간 갑자기 깨치는 신비한 경험으로 알고 있지만, 한국은 물론 영어권에서도 한자어인 '돈頓'을 이런 시간적 의미보다는 '모두', '한꺼번에', '포괄적으로'라는 논리적 의미로 이해해 가고 있다. 변화에 시간이 필요한 생물학적 존재인 우리가 어느 순간 갑자기 모두 깨닫는다는 주장은 이치에 맞지 않는다. 그렇지만 깨달음이 삶과 세계를 보는 우리의 관점을 근본적으로 (혁명적으로) 바꾸어 모든 존재를 한꺼번에 새로이 해석하게 하는 가장 포괄적인 논리적 변화를 의미한다면, 우리는 불교의 깨달음을 혁명적 깨달음, 즉 돈오로 이해할 수 있겠다.

여담이 되겠고 또 아시는 분들은 이미 아시겠지만, 한국불교계에서 해인사 승가대학과 통도사승가대학은 영국으로 치면 옥스퍼드대학과 케임브리지대학, 한국에서라면 연세대와 고려대와 마찬가지로 서로 참 많이 치열한(?) 경쟁관계에 있다. 모든 면에서 서로 엎치락뒤치락하며 앞서거니 뒤서거니 선의로 경쟁한다. 나는 이런 모습을 옆에서 구경하기가 재미있고 또 한편으로는 흐뭇하기도 했는데, 당사자인 교수사스님들과

학인스님들은 언제나 긴장된 표정으로 상대방 승가대학에 대해 코멘트를 하시곤 했다. 그래서 현재 해인사 주지이신 현응스님의 철학을 통도사승가대학에서 가르치는 일이 아주 조금은 망설여졌었는데, 고맙게도 학인스님들은 한껏 열린 자세로 강의를 듣고 받아들일 것은 받아들여 주었다. 나만 공연히 노파심에 마음을 졸였다.

선문禪門에서는 '깨달음'보다는 '깨침'을 가르친다. 이는 붓다의 무아와 연기 그리고 공에 대한 이해와 체득을 가리키는 깨달음은 진정한 득도得道가 아니고, 마음에서 불성을 깨쳐야 성불한다는(直指人心 見性成佛) 선문의 주장과 관련된다. 그러나 불성이 비非불교적인 바라문교와 힌두교의 아뜨만과 다를 바 없다는 비판에 우리는 이미 익숙하다. 그래서 나는 불성을 깨쳐야 성불한다는 전통적 견해를 잠시 접어두고, 붓다의 무아, 연기, 공과 같은 기본적인 가르침에 대한 철저한 이해와 내면화가 깨달음이라고 받아들이며 논의를 진행했다.

붓다는 여러 논증을 통해 무아를 가르쳤는데, 지금도 혁명적으로 여겨지는 이 가르침은 당시에 정말 놀라운 가르침이었을 것이다. 고대 인도의 바라문교는 우리를 스스로이게끔 만드는 영원 불변불멸의 자아, 즉 아뜨만이 존재한다고 주장했다. 그리고 아뜨만이 실제로는 전 우주의 자아라고도 할 수 있을 브라만과 동일하다고까지 보았다. 이런 믿음은 서양인의 불멸의 영혼에 대한 견해와 구원받은 영혼이 신과 합일合一하게 된다는 믿음과 다를 바가 없다. 그런데 붓다는 자아가 단지 색수상행식色受想行識 오온五蘊의 끊임없는 생멸의 과정에 불과하다는 논증으로 무아를 설파했다. 전 세계 주요 종교 가운데 오직 불교만이 가지고 있는 혁명적 통찰이다.

브라만과 아뜨만 그리고 신과 영혼은 그것들이 존재하기 위해 다른 아무것도 필요로 하지 않는다. 그것들은 독립적 존재로서, 서양철학에서 말하는 실체實體다. 이것들은, 비록 말로 표현할 수는 없지만, 무한히 신비로운 속성을 가지고 존재한다. 그리고 전통적 서양철학은 물질과 정신을 조건에 의존하지 않고 스스로 존재하는 실체로 여겼다. 그런데 붓다는 만물이 조건에 의해 생멸한다고 가르치며 이것들의 실재實在를 부정한다. 이는 고대인뿐만 아니라 현대인에게도 충격적으로 놀라운 가르침이다.

불교는 어느 것도 독립적으로 존재하지 못하기 때문에 어떤 것도 스스로를 스스로이게끔 만들어 주는 본질, 즉 자성을 가지고 실재하지 않는다고 본다. 그래서 만물은 자성을 결여하고 있다는 의미에서 공하다. 이 또한 만물에서 본질을 찾는 다른 종교 및 철학과 전혀 다른 견해다. 불교는 이 세계가 자성 없이 서로를 조건으로 해서 존재하는 현상 또는 환幻으로 되어 있다고 보는데, 이것도 우리의 상식적 세계관과 정면으로 배

치된다. 불교의 기본적 가르침은 모두 우리의 상식과 근본적으로 다르다.

깨달음은 우리가 무아와 연기 그리고 공의 관점을 완전히 체득해 삶과 세계에 접할 때 가능하다. 이 관점은 존재하는 모든 것에 대해 우리의 상식과 혁명적으로 다른 해석을 함축한다. 이런 관점은 논리적으로 모든 사물에 하나도 빠짐없이 적용되기 때문에 삶과 세계에 대한 우리 입장의 가장 포괄적인 변화를 의미한다. 위에서 '돈頓'을 논리적으로 '모두', '한꺼번에', '포괄적으로'라는 의미라고 했는데, 이런 의미에서 불교의 깨달음은 언제나 돈오이다. 돈오는 과학혁명보다 더 포괄적이어서 자연뿐 아니라 의식세계를 포함하는 존재세계 전체를 아우르는 깨달음이다.

불교에서는 점오漸悟가 불가능하다. 천동설과 목적론을 정교히 다듬어도 지동설과 기계론이 나올 수 없듯이, 실체론과 실재론을 아무리 갈고 닦아도 무아와 연기 그리고 공이 나올 수 없다. 깨달음은 삶과 세계에 대한 기본적인 전제와 가정 그리고 관점을 전적으로 바꾸어야만 가능하다. 이것은 혁명적 변화이지 점진적 향상이 아니다. 과학의 발전이 그렇고, 불교의 깨달음도 그렇다. 과학발전과 수행자의 깨달음은 그 논리적 구조와 성격이 같다.

한편 수행자가 깨달아 달성하고자 하는 바가 대大자유라는 점은 우리 선문에서는 익숙한 이야기다. 그래서 우리는 불도를 자유를 위한 가르침으로 이해하고 있다. 불교는 헛된 집착을 내려놓아 고뇌로부터 자유로운 길로 우리를 이끈다. 윤회의 굴레로부터 벗어나 열반에 이르기를 희망하는 이들이 걷는 길이다. 몸과 마음을 얽매는 어리석음으로부터 비롯된 모든 속박으로부터 해방되는 대자유를 추구한다. 이때 내가 스님들에게 질문의 형식을 빌려 말하였다.

"스님들께서는 불교의 위없는 자유가 우리가 이전 강의에서 논의한 끊임없는 부정否定의 작업을 통해 얻어진다는 진리를 아십니까? 어떤 것도 고정불변의 진리가 아니라고 부정하며 그것에 머무르기를 거부하는 작업이 불도佛道의 길임을 아시고 계십니까?"

아직 상세한 설명을 하지 않았는데도 몇몇 스님은 이미 내가 강의할 내용을 가늠하고는 고개를 끄덕였다.

붓다의 무아無我는 나를 나이게끔 속박하는 고정불변한 어떤 것도 존재하지 않는다는 자유의 가르침이다. 아뜨만이나 영혼 그리고 참나와 같이 내게 딱 달라붙어 나를 옴짝달싹하지 못하게 하는 것의 존재를 부정함으로써 나를 구속하는 영원불변의 나로부터 나를 해방시키는 가르침이다. 불교교리의 근간을 이루는 연기緣起는 세상 만물이 조건에 의해 생성·지속·소멸한다는 통찰이다. 어떤 것도 다른 것들로부터 고립되어 독립적으로 존재하는 실체가 아니라는 진리다. 연기는 사물이 고정불변의 독립된 실체라는 견해를 부정하면서, 우리를 포함한 세상의 모든 사물이 서로 이런저런 방식으로 연결되어 변화하는 자유로운 상태에 있다고 가르친다.

연기의 가르침은 대승의 공空으로 이어져, 스스로 존재하지 않아 스스로를 스스로로 만드는 고정불변의 자성自性으로부터 자유롭다는 결론에 이른다. 다시 말해, 공은 만물에 자성이 존재함을 부정하는 진리이고, 이런 부정의 작업은 만물을 고정불변의 자성으로부터 자유롭게 한다. 대승의 공은 자유의 가르침이다.

중도中道도 양극단을 부정하면서 얻는 자유다. 수행론으로서의 중도는 고행과 나태를 모두 비판하고 부정하면서 양극단으로부터 자유로운 중도에서만 깨닫고 열반할 수 있다는 가르침이다. 한편 대승에서 전개된 존재론으로서의 중도는 만물이 자성을 가지고 상주常住하지 않지만 그렇다고 전혀 존재하지도 않는 단멸斷滅의 상태에 있지도 않다는 통찰이다. 만물이 상주와 단멸이라는 양극단을 부정하여 얻는 자유로운 상태로 존재한다는 진리를 말한다.

이웃종교에서는 불편하게 보겠지만, 불교는 연기와 공의 진리에 어긋나는 영원 불변불멸이라는 절대신과 영혼의 존재를 부정하기 때문에, 불자는 그런 신과 고정불변의 답답한 영혼으로부터 자유롭다. 불자의 궁극적 목표인 열반 또한 '모든 번뇌의 불길이 꺼져 있는 상태'로서, 부정의 작업을 통해 얻어진다. 집착을 부정하여 버리고 수행에 정진하며 고통의 삶을 떠나 고뇌로부터 자유로운 상태를 지향한다.

독자는 이런 끊임없는 부정의 작업이 혹 우리를 부정 그 자체에 집착하게 만들지 않을까 질문할지 모른다. 그런 문제는 없다. '부정'은 실재하는 존재자가 아니고 단지 개념적 도구에 불과하기 때문이다. 18세기 칸트가 이미 부정을 그의 12개 범주의 하나로 포함시켜 우리가 사물을 인식하는 틀이나 개념으로 간주했다. 부정은 실재하지 않는다는 뜻이다. 그래서 눈으로 볼 수도 손으로 만질 수도 없다. 20세기 비트겐슈타인도 부정(not)을 그리고(and), 또는(or), 만약~ 그러면~(if~ then~)과 같은 논리적 연결사의 하나로 보았다. 실재하지 않지만 우리의 사고를 가능하게 하는 개념적 도구라는 견해다.

"스님들께서는 과학도 부정의 작업을 통해 발전하며 진정한 과학자는 특정 이론에 고정되어 머물기를 거부하며 자유를 추구하는 일종의 수행자임을 아십니까? 어떤 이론이 언제나 옳다고 검증만 된다면 과학이 아니고, 원칙적으로 비판되어 부정될 수 있어야 과학이라는 철학의 논의를 들어 보셨습니까?"

지난 몇 세기 동안 과학의 눈부신 성과에 감명받다보니 과학은 영구불변한 진리라고 생각하는 이들마저 있지만, 과학은 결코 완성된 체계가 아니다. 과학은 합리적 비판으로 끊임없는 부정의 작업을 통해 자유로이 이루어지는 지적知的 작업이다.

"먼저, 부정될 수 없는 주장이나 이론은 과학이 아니라는 사실에 주목해 보시기 바랍니다. '스님은 내년에 동쪽에서 온 귀인을 만날 것이요.'라는 사주풀이를 예로 들어 보지요. 이 예측이 반증될 가능성이 있습니까? 스님의 동쪽에 사는 사람은 지구 인구의 반입니다. 실은 지구가 둥그니까 결국 모든 사람이 스님의 동쪽에 삽니다. 그리고 귀인의 기준은 너무도 모호해서 이 세상 모든 이가 귀인으로 해석될 소지가 있습니다. 사주풀이가 결코 거짓으로 드러나지 않는 이유는 그 주장이 애매모호하기 때문입니다. 이처럼 원칙적으로 반증이 불가능한 주장은 과학으로 인정될 수 없습니다."

칼 포퍼는 점성술과 마르크스주의 그리고 정신분석학을 사이비 과학이라며 비판했다. 마르크스주의를 재조명해 보면 변명으로 일관해 비판을 피했던 이론이다. 19세기 중반에 살았던 칼 마르크스는 서구 자본주의 경제체제가 구조적으로 모순이라며 곧 붕괴하리라 예상했다. 그런데 그런 일은 일어나지 않았다. 마르크스주의자들은 서구가 식민지를 착취했기 때문에 그 모순된 체제를 유지할 수 있었다며 그래도 곧 멸망할 것으로 예측했다. 그런 일도 없었다. 그들은 또 서구가 두 차례 세계대전을 일으켜 전쟁터에서 잉여생산물을 소비해 자본주의의 모순을 일시적으로 해소했다고 변명했다. 그런데 세계대전이 끝나고 식민지들이 독립했어도 자본주의는 여전히 흥했다. 마르크스주의자들은 또다시 서구가 다국적기업을 통해 다른 나라를 착취하며 버틴다고 변명했다. 이렇게 끝없이 변명하다가 결국 서구가 아닌 소련과 동구권 공산체제가 붕괴했다. 마르크스주의처럼 반증을 거부하는 체계는 과학이 아니다.

비판을 통한 부정의 작업을 받아들이지 않는 점성술이나 공산주의는 과학이 아니고, 따라서 과학처럼 발전할 수도 없다. 그런데 태양이 지구를 돌지 않고 지구가 태양의 주위를 돈다고 주장한 지동설에 주목해 보라. 수천 년 동안 불변의 진리라고 받아들여졌던 천동설을 근본적으로 부정하고 그 반대의 길로 과학적 작업을 진행한 사람이 코페르니쿠스와 갈릴레이였다. 또 아리스토텔레스 이래 2천 년 동안 굳게 믿어졌던 행성의 궤도가 원형이라는 지식(?)을 부정하고 그 궤도가 타원이라는 점을 관찰하고 또 수학적으로 풀어낸 천문학자가 티코 브라헤와 케플러였다. 이들 모두 기존의 과학이론을 부정하고 그로부터 스스로를 해방시켜 새로운 가설의 체계로 나아갔던 사람들이다.

너무도 완벽하여 개선의 여지가 없다고 여겨졌던 뉴턴의 역학조차 아인슈타인에 의해 극복되었다. 뉴턴이 주장한 시간과 공간의 절대성을 부정하며 시공간이 분리될 수 없는 물리량이라는 그의 상대성이론은 기존 이론에 대한 비판과 부정 그리고 그를 통해 얻은 자유를 바탕으로 새로이 창조되었다. 과학은 기존의 것을 여의려는 끊임없는 비판과 부정의 작업을 진행한 다음, 새 가설 여럿을 찾아 모아 새 이론의 체계로 나아가는 자유로운 창작의 과정이다.

새 이론이 성공적이어서 과학자들의 집단에서 정설로 받아들여진다고 해도, 이것은 아직 반박되어 부정되지 않아 잠시 받아들여진 이론으로만 존재할 뿐이다. 영원히 고정불변하여 불멸인 과학이론이란 존재한 적도 없고 또 앞으로도 없을 것이다. 모든 이론은 끊임없는 비판과 부정의 작업을 잠시 견뎌내고 있는 가설의 체계에 불과하다. 조만간 그 체계가 가진 문제점이 드러나서 폐기되고 새로운 가설이 등장하게 된다. 과학은 머무르지 않고, 과학자는 자유롭다.

과학이론도 다른 모든 사물과 마찬가지로 가설이 모이고 흩어지며 탄생하고 폐기된다. 이런 이합집산離合集散의 과정은 과학자들의 부단한 비판과 부정의 작업으로 촉진되며, 이합집산이 잦을수록 과학은 더 빨리 발전한다. 과학은 태도다. 특정 내용을 가진 이론의 총체가 아니라, 끊임없는 비판과 부정을 통해 자유로이 새 가설로 옮겨가려는 방법을 지칭한다. 말하자면, 집착하지 않고 떠나보내 자유로워지려는 태도가 바로 과학이다.

불교에서 부정의 작업은 이 세상 모든 것에서 집착을 여의게 하여 수행자에게 궁극의 자유를 가능케 한다. 이런 자유가 해탈이고 열반이다. 과학은 비판과 부정의 작업을 통해 어떤 이론에도 집착하거나 머무르기를 거부한다. 어떤 이론으로부터도 자유롭다. 부정의 작업은 과학에도 자유를 가능케 한다. 이 자유가 과학발전의 원동력이다.

제15장

깨달음과 열반 그리고 자비행

깨달음을 얻어 열반에 드는 것은 모든 불자들의 염원이다. 그러나 혼자만의 깨달음과 자신만의 열반이 불교인들의 목표일 수는 없겠다. 불교에서는, 특히 대승 전통에서는 깨달음과 열반의 성취가 필연적으로 자비행으로 귀결되어야 하기 때문이다. 그래서 나는 자비행을 실천하지 않는 자는 깨닫지도 열반에 들지도 못했다고 판단해야 한다고 생각한다. 이번 강의는 깨달음과 열반을 개념적으로 분명히 이해하고 그것들이 어떻게 자비행으로 연결되는가를 고찰하는 것을 목표로 한다.

두 가지 깨달음: 철학적 깨달음과 열반적 깨달음

나는 우리가 통상 이야기하는 깨달음에는 크게 두 가지가 있다고 생각한다. 깨달음의 가르침인 불교를 창시한 붓다의 예로 이 점을 논의해 보겠다. 역사적으로 우리는 고타마 싯다르타가 깨달음을 얻음으로써 붓다가 되었다고 들어왔다. '붓다'라는 단어의 의미는 '깨달은 자'이다. 그런데 그가 깨달은 것은 무엇이었던가? 물론 그것은 진리였다. 그러면 그것은 무엇에 대한 진리였는가? 그것은 세계와 그 안에서의 우리의 삶에 대한 진리였다. 그렇다면 누구나 이런 진리를 깨달으면 붓다가 되는가? 아니면, 진리 자체에 대한 깨달음만으로는 부족하고 이 진리를 완전히 내면화해서 삶과 세계를 바라보는 우리의 관점을 철저히 바꾸어야만 붓다가 될 수 있는가?

어쩌면 진리의 이해와 그에 따른 세계관의 내면화만으로는 붓다가 되기에 부족할지도 모른다. 우리는 심리적으로도 고뇌로부터 완전히 벗어날 수 있도록 품성이 완성되어야 붓다가 될 수 있다고 생각한다. 말하자면 번뇌의 불길이 꺼져서 고뇌로부터 벗어난 상태, 즉 열반에 들 수 있어야 붓다라고 칭해질 수 있다. 아무리 총명하여 불교의 가르침을 잘 알고 있더라도 고뇌로부터 벗어나지 못하고 있다면 우리는 그를 깨달은 자라고 인정해 줄 수 없기 때문이다.

엄밀히 말해서 깨달음과 열반은 구분되어야 한다. 깨달음이란 원래 순전히 인식적 차원에서의 성취로 이해함이 옳다. '깨달음'이란 말 자체의 어원도 '깨닫다' 또는 '알다'의 의미를 가지고 있어서, 문법적으로 그 깨달음 또는 앎의 대상에 해당되는 목적어를 요구한다. 그리고 그 대상이란 우리의 삶과 세계에 대한 진리가 되겠다. 이와는 대조적으로 열반은 도덕적·정신적 품성을 계발하고 함양함으로써 이루게 되는, 고뇌로부터 자유로운 상태이다. 제아무리 불교에 대한 지식이 풍부해도 고뇌로부터 완전히 자유롭지 못하는 한 열반에 이르렀다고 볼 수 없다.

인식적 차원에서 얻어진 깨달음이 우리를 반드시 고뇌로부터 해방시켜 주지는 않는다. 예를 들자면, 미국 월스트리트 금융계 사람들처럼, 공부만 한다면 불교의 진리를 잘 깨달을 명석한 사람들도 지나친 세속적 욕망을 조절하지 못해 그들 스스로와 세계를 번뇌의 불길 속에 빠트려 왔음을 우리는 잘 알고 있다. 인식적 차원에서의 성취로 얻는 깨달음과 도덕적·정신적 자기 계발로 이루는 열반은, 비록 그 둘이 연결되어 있기는 하지만, 불교인들이 가져야 하는 두 개의 서로 다른 목표로 이해되어야 하겠다.

그런데 시간이 흐름에 따라 '깨달음'의 개념에 흥미로운 변화가 일어나게 되었다. 위에서 살펴보았듯이 '붓다'라는 말은 원래 '깨달은 자'라는 의미였다. 그러나 여러 세기가 지나가면서 '붓다'라는 말이 '열반에 이른 자'라는 뜻도 가지게 되었다. 간단한 논리적 테스트를 통해 이런 의미의 변화를 쉽게 확인할 수 있다. '붓다'라는 말과 '고뇌하는'이라는 말을 합쳐서 만들어진 표현이 논리적으로 문제가 없는가를 한번 살펴보자. 우리가 모두 동의하겠듯이 '고뇌하는 붓다'란 표현은 단적으로 자기모순이다. '총각'이란 '결혼하지 않은 남자'라는 의미여서 '결혼한 총각'이란 표현이 모순이듯이, 우리는 '고뇌하는 붓다'라는 표현에서 같은 종류의 모순을 발견한다. 그 이유는 현재 우리가 사용하고 있는 '붓다'란 말이 '깨달은 자'라는 의미뿐만 아니라 '모든 고뇌로부터 해방되어 언제나 열반에 들어 있는 자'라는 뜻도 포함하게 되었기 때문이다.

'붓다'라는 단어는 어원적으로 '깨달은 자'라는 뜻이고 우리는 현재도 그 뜻을 이 말의 의미로 받아들인다. 그러나 모든 붓다는 예외 없이 열반에 들어 있다. 그래서 '고뇌하는 붓다'라는 표현이 우리에게 논리적으로 모순된 표현으로 다가오는 것이다. 모든 붓다는 깨달은 자이고 그들이 모두 열반에 들어 있으니, '깨달음'이라는 개념을 '열반'의 개념과 분리하여 생각할 수 없게 된 것이다. 결국 '깨달음'의 개념이 '열반'의 개념도 포함하게 되었다고 볼 수밖에 없겠다. 이렇게 개념적으로 혼란스러운 상황을 정리하기 위해 나는 두 가지 다른 종류의 깨달음을 논의해야 한다고 생각한다: 철학적 깨달음과 열반적 깨달음.

철학적 깨달음

전통에 따라 해석이 다소 다르지만, 고타마 싯다르타가 보리수 아래서 깨달았다는 진리는 연기법이고, 그 연기법에 대한 깨달음이 그에게 '붓다'라는 칭호를 가져와 주었다. 모든 사물이 조건에 따라 생성·지속·소멸한다는 연기법은 대승의 공空 사상으로 이어져 그 깊이를 더해 왔다. 모든 것이 조건에 의존해서만 존재하므로 어떤 것도 스스로 존재할 수 없다. 즉, 어떤 것도 실체일 수 없다. 또 스스로 존재할 수 없으니 그 스스로를 스스로이게끔 해 주는 어떤 속성, 즉 자성自性 또한 존재하지 않는다. 이러한 공사상으로부터 불교의 초기부터 바라문교(힌두교)와 각을 세운 무아론無我論도 자연스럽게 도출된다. 만물에 자성이 없으니 만물 가운데 하나인 나 또한 나의 자성이랄 수 있는 아뜨만을 가지고 있지 않기 때문이다.

인도 대승 전통에서는 공을 '본질을 결여하는'이라는 의미로, 다소 부정적인 개념으로 접근한데 비해, 동아시아 불교에서는 공의 관점을 취한다는 것을 '사물을 관계와 변화의 관점에서 보는' 것으로 해석하게 되어 공을 오히려 긍정적인 개념으로 이해하고 받아들인다. 천태와 화엄에 이르러서는 모든 사물이 모든 사물과 서로 맞물려 존재하며(inter-exist) 서로 철저히 삼투하고(inter-penetrate) 있다고까지 주장하는 법계연기설로 그 백미白眉를 이루며 공사상의 긍정적인 해석이 화려하게 장식되기도 한다.

열반적 깨달음

어떤 이가 철학적 깨달음을 성취했다고 가정해 보자. 그는 무

아와 연기의 진리를 매우 포괄적으로 이해해서 존재하는 모든 것이 본성을 결여하고 있음을 확신한다. 그래서 그는 사물을 철저히 공의 진리의 관점에서 이해하고 해석한다. 이렇게 인식적 차원에서 볼 때 그는 완전히 깨달았다. 그러나 이렇게 멋진 철학적 깨달음에도 불구하고 그가 타오르는 욕망과 집착을 제어하지 못해 고통스러운 번뇌에 시달릴 수 있다. 실제로 그가 이렇게 되기는 생각보다 훨씬 쉽다. 왜냐하면 그는 여전히 다른 이들뿐 아니라 자신에게도 고뇌를 가져오는 방식으로 느끼고 행동하는 성향을 가지고 있을 수 있기 때문이다.

예를 들어 그는 식욕을 조절하지 못해 과도한 양의 음식으로 배를 채우는 오래된 나쁜 습관을 아직도 가지고 있을 수 있다. 우리 주위에는 지적으로 우수해서 공의 진리를 잘 이해하면서도 음식과 술을 조절하지 못해 고통 받는 사람들을 어렵지 않게 찾을 수 있다. 또 팔정도八正道의 정언正言의 가르침을 이해는 하지만 몸으로 따르지는 못해서 다른 사람들의 마음을 상하게 하는 험한 말을 그치지 못하는 사람도 꽤 있다. 또 그는 이기심과 나태함으로 자신이 속한 단체에서 아무런 책임도 맡지 않으려는 습관을 버리지 못하고 있을 수도 있다.

위와 같이 그는 인식적 차원에서는 철학적 깨달음을 한껏 성취했음에도 불구하고 자신과 다른 이들을 고뇌로부터 벗어나게 해 주지는 못하고 있다. 그렇다면 우리는 그를 '깨달은 자'

로 인정하기를 꺼리게 될 수밖에 없다. 왜냐하면 앞에서 보았듯이 '고뇌에 시달리는 깨달은 자'라는 말은 논리적으로 모순이기 때문이다. 그래서 철학적 깨달음은 더 이상 완전한 의미에서의 깨달음이 되기에 충분하지 못하다.

다시 한 번 반복하자면, 불교 초기에는 깨달음이 인식적 차원에서의 성취를 지칭했던 것 같다. 내가 '열반적 깨달음'이라고 부르는 것과 같이 도덕적 훈련과 정신적 수양으로 이루어지는 깨달음은 깨달음이 아니라 그냥 '열반'으로만 이해되었다. 그러나 나는 지난 여러 세기 동안 '깨달음'의 개념이 '열반'으로도 확장되어 결국 그것까지 포함하게 되었다는 점을 부정할 수 없다고 생각한다. 그래서 이제는 누군가가 고뇌로부터 자유롭지 못하는 한 그는 깨달은 자로 간주될 수 없게 되었다.

깨달은 자들은 철학적으로 깨달은 이들의 정신적 상태를 유지할 수 있어야 한다, 즉 그들은 언제나 철저히 공의 관점으로 삶과 세계를 파악하고 이해해야 한다. 그러나 이것은 깨달음의 필요조건일 뿐 결코 포괄적인 의미에서의 깨달음을 위한 충분조건이 되지는 못한다. 진정으로 깨달은 자라면 철학적으로 깨달아야 할 뿐 아니라 모든 고뇌로부터도 영원히 자유로워야 하기 때문이다. 그는 탐진치貪瞋癡 삼독三毒을 완전히 제거했고 다시는 그것들이 생겨날 수 없게 한다. 또 그는 팔정도와 그밖에 붓다가 가르친 계율들을 힘든 노력 없이도 자연스럽게 따른다. 그래서 깨달음이란 단지 지적인 성취의 문제일수가 없다. 고뇌로부터 해방되어 있을 수 있도록 심신이 만들어져야 한다는 다른 종류의 깨달음도 반드시 달성되어야 한다. 나는 이런 종류의 깨달음을 '열반적 깨달음'으로 부른다.

불자로서 어떻게 행위할 것인가

우리는 살아 있는 모든 순간순간 선택하고 행위한다. 생물학적 본능에 의해 하는 행동(behavior)뿐 아니라 우리의 의지가 들어가는 행위(action)를 하게 된다는 말이다. 아무런 행동도 하지 않을 경우라도 실은 행동하지 않으려는 의지가 들어가서 그렇게 되는 것이니 그것은 일종의 행위에 해당된다. 결국 우리는 깨어 있는 동안에는 행위하지 않을 수 없다. 그래서 우리는 불자로서 어떻게 행위해야 하는가에 대해서 질문하고 논의해야 한다. 아무렇게나 행동하면서 살 수는 없기 때문이다.

이 강의의 첫 부분에서 언급했듯이, 깨달음을 얻고 열반을 성취하는 것은 모든 불자들의 염원이다. 우리에게는 삶의 순간순간 우리가 해야 하는 각각의 행위를 규제하고 인도해 줄 어떤 원리가 있어야 하는데, 나는 이 행위의 원리와 깨달음과 열반의 획득이라는 불자들의 서원이 어떻게 연결되어야 하는가에 대해 논의해 보고자 한다. 논의의 편의상 이 강의의 나머지 부분에서는 '깨달음'을 철학적 깨달음으로, 그리고 '열반'은 열반적 깨달음을 의미하는 것으로 사용하겠다.

　모든 불자들이 어떤 원리에 따라 행위해야 하는가를 살펴보기 위해서 먼저 깨달은 자들이 자비행을 실천해야 한다는 대승의 가르침을 예로 들어 그 논의를 시작해 보겠다. 심리학에서 심리적으로 극단적인 경우들을 연구함으로써 정상적인 사람들의 심리를 더 잘 이해할 수 있듯이, 깨달음의 경지에 이른 이들의 행위의 기준을 이해함으로써 아직 그 경지까지 가지 못한 모든 다른 불자들이 따를 행위의 원리도 더 잘 이해할 수 있겠기 때문이다. 그래서 나는 다음과 같이 질문해 보자고 제안한다.

　깨달은 이들은 모든 고뇌로부터 벗어나 자유로운 가운데 열반에 머문다. 그렇다면 그들이 왜 다른 고통 받는 중생을 위해 자비심을 내어 그들을 번뇌로부터 해방시켜 주려고 노력해야 하는가? 깨달은 이들은 어떠한 고뇌로부터도 벗어나 자유로이 열반에 머물고 있고, 그들의 '행복'은 그 자체로 완벽하다. 그러면 왜 그들이 번거롭게 속세로 나아가 다른 유정물들을 고통으로부터 구제해 주어야 하는가? 이미 부족함 없이 완벽히 행복한 그들에게 그들의 자비행이 도대체 어떤 행복을 더해 줄 수 있는가?

이 질문에 대해 즉각 떠오르는 만족스러운 답변은 없는 것 같다. 대승불교에서는 자비행의 실천이 계율이기 때문에 반드시 따라야 한다고도 말할 수 있겠지만, 계율의 존재 이유부터 규명하려 하는 철학의 입장에서는 그대로 받아들일 수 없는 답변이다. 8세기 인도의 승려 샨티데와는 그의 『입보리행론』에서 기본적으로 같은 질문에 대해 다음과 같이 대응했다.

그것들이 단지 고통이라는 이유만으로 그것들은 막아져야 한다. … 만약 고통이 왜 막아져야 하냐고 묻는다면, 아무도 예외 없이 그것이 막아져야 된다고 동의할 것이다. 그래서 만약 고통이 막아져야 한다면 모든 고통이 막아져야 한다. 고통이 막아지지 않아도 된다면, 자기 자신의 경우도 다른 사람들의 경우와 같다.

이 인용문에서 '그래서 만약 고통이 막아져야 한다면 모든 고통이 막아져야 한다. 고통이 막아지지 않아도 된다면, 자기 자신의 경우도 다른 사람들의 경우와 같다.'는 두 문장은 그 위의 다른 두 문장들로부터 도출되지 않는다. 불자들이라면 물론 부처의 무아와 연기의 가르침을 가져와 이 두 문장의 주장을 지지할 것이다. 어느 누구에게도 자아가 없고 우리 모두는 서로서로 연결되어 있으니까, 스스로의 고통을 없애는 것이나 다른 이들의 고통을 없애는 데 차별이 없어야 한다. 이것이 모든 이가 자신의 경우나 다른 이들의 경우에 상관없이 모두 고통을 없애야 하는 이유다. 그렇지 못하다면 자신의 고통을 포함해 어떤 고통도 없애지 말아야 할 것이다.

대다수 불자들에게는 이러한 샨티데와의 견해가 보살이 반드시 걸어야 하는 보편적 자비심의 길을 설명하기에 충분히 좋게 보일지도 모르겠다. 그러나 이 견해가 비판적 시각으로 가득 찬 철학자들의 의문을 모두 해소해 주지는 못한다. 철학자들은 고통을 막아야 하는 근본적인 불교적 이유부터 설명해야 한다고 주장할 것이기 때문이다. 나는 불교가 처음부터 무엇에 관한 가르침인가를 되돌아보기만 하면 우리가 이런 설명을 제공하는 불교적 원리를 찾을 수 있다고 본다. 불교는 깨달음과 열반에 대한 가르침의 체계다.

의문의 여지없이 깨달음은 모든 불교도들에게 가장 중요한 목표다. 그리고 깨달음이 그토록 중요한 목표인 이유는 바로 깨달음이 열반을 가져온다고 믿기 때문이다. 깨달음을 얻었을 때 모든 고뇌에서 자유로워지는 열반의 길이 열린다. 모든 경전 공부와 명상 수행은 깨달음과 열반을 얻는 방향으로 이루어진다. 깨달음과 열반은 모든 불교도들에게 결코 양보할 수 없는 목표다. 만약 불교에 우리가 사건이나 행위를 평가할 하나의 기준 또는 원리가 있다면, 그것은 그것들이 깨달음과 열반을 산출하는 데 (얼마나) 기여하느냐 아니면 그것에 (얼마나) 역행하느냐일 것이다. 그래서 나는 다음을 우리의 행위에 대한 '깨달음과 열반 산출의 원리'로 제안한다.

〔어떤 사건 또는 행위가 깨달음과 열반의 산출에 기여한다.〕 ↔ 〔그것이 좋다/옳다.〕
〔어떤 사건 또는 행위가 깨달음과 열반의 산출에 역행한다.〕 ↔ 〔그것이 나쁘다/그르다.〕

고통은 그것이 깨달음과 열반에로의 길에 방해가 되기 때문에 나쁘다. 쾌락주의는 깨달음과 열반을 가로막아서 나쁘다. 명상 수행은 깨달음과 열반 산출에 기여하기 때문에 좋다. 다른 사람들에게 거친 말을 쓰는 것은 그런 언어가 그들에게 고통을 야기하고 그들의 고통은 그들의 깨달음과 열반을 산출하는 데 역행하기 때문에 그른 행위다. 사람을 죽이는 것은 그 사람의 죽음이 그의 깨달음과 열반 산출에 역행하기 때문에 그르다. 부상당한 사람을 치료하는 것은 그의 회복이 그의 깨달음과 열반을 산출하는 데 도움이 되기 때문에 옳은 일이다. 사회의 부를 사람들에게 공정하게 분배하는 것은 그것이 사람들의 깨달음과 열반을 산출하는 데 기여하기 때문에 옳다. 그리고 무수히 다른 많은 예들을 더 들 수 있겠다.

나는 '깨달음과 열반 산출의 원리'를 모든 불자의 행위의 기준으로 제안하면서 불교에서는 모든 사건과 행위가 모두의 깨달음과 열반의 산출에 얼마나 기여하느냐에 따라 평가되고 그 의미와 가치가 주어진다고 주장한다. 어떤 불자라도 모든 유정물이 그들의 고통을 제거하려고 애쓴다고 믿는다. 또 그들이 깨달음과 열반을 얻음으로써 고통으로부터 자유로워질 수 있다고 믿을 것이다. 불자들이라면 깨달음과 열반이 모든 고통을 없애고자 하는 이들에게 궁극적 목표가 되며, 또 그들의 목표가 다른 사람들로부터 언제나 인정받고 존중되어야 한다고 생각할 것이다. 그래서 불자들이라면 깨달음과 열반 산출의 원리가 모든 유정물에게 보편적으로 그리고 차별 없이 적용되어야 한다고 받아들일 것이다. 그러므로 불자들에게는 모든 유정물들의 깨달음과 열반에 기여하는 방식으로 행위하는 것이 언제나 좋고 옳다.

깨달음과 열반 산출의 원리를 살펴본 우리는 이제 샨티데와의 인용문에 대해 좀 더 제대로 해석할 수 있겠다. 샨티데와는 '그것들이 단지 고통이라는 이유만으로 그것들은 막아져야 한다. … 만약 고통이 왜 막아져야 하냐고 묻는다면, 아무도 예외 없이 그것이 막아져야 된다고 동의할 것이다.'고 했다. 왜 고통이 막아져야 하는가라는 질문에 달리 더 나은 답변은 없고 고통은 그냥 막아져야 한다고 대답하고 있다. 이제 우리가 더 나은 답변을 달아 보자. 고통은 그것이 깨달음과 열반 산출에 역행하기 때문에 예방되고 제거되어야 한다. 나는 이것이 불교적으로 더 합당하고 의미 있는 답변이라고 생각한다.

샨티데와는 또 '만약 고통이 막아져야 한다면 모든 고통이 막아져야 한다. 고통이 막아지지 않아도 된다면, 자기 자신의 경우도 다른 사람들의 경우와 같다.'고 한다. 이제 우리는 이 요점을 더 잘 설명할 수 있다. 깨달음과 열반 산출의 원리는 모든 유정물에게 차별 없이 적용되어서, 유정물들의 깨달음과 열반에로의 여정을 방해하는 고통이 제거되도록 하는 것이 언제나 좋고 옳다. 불자들은 그들이 불자인 한 깨달음과 열반 산출의 원리를 받아들여야 한다. 그리고 깨달음과 열반 산출의 원리가 모든 유정물에게 보편적으로 적용되기 때문에 불자들은 자신들뿐 아니라 다른 모든 고통 받는 중생들의 깨달음과 열반에 기여하기 위해 모든 고통의 제거를 목표로 받아들여야 한다.

불교는 깨달음과 열반의 가르침의 체계이기 때문에 어떤 의미에서는 불자들이 모든 사건과 행위를 깨달음과 열반 산출의 원리 아래 두고 평가함이 자연스럽다고 볼 수 있겠다. 그래서 '열반에 든 깨달은 이들이 왜 자비행을 실천해야 하는가?'라는 질문에 대해 우리는 이제 다음과 같이 답할 수 있다.

1. 불자는 연기의 진리와 모든 유정물이 연결되어 있음을 이해하고 받아들인다.
2. 불자는 깨달음과 열반 산출의 원리와 그것이 보편적으로 적용됨을 이해하고 받아들인다.
3. 모든 불자는 자신뿐 아니라 다른 이들의 깨달음과 열반을 산출하는 데 기여하는 일이 좋고 옳다고 이해하고 받아들인다.
4. 그러므로 모든 불자는 자비행을 실천해야 한다.
5. 그런데 열반에 들어 있는 깨달은 이들도 불자들이다.
6. 그러므로 열반에 들어 있는 깨달은 이들도 자비행을 실천해야 한다.

우리는 이 강의에서 깨달아서 열반에 들어 있는 이들이 왜 자비행을 실천해야 하는가에 답하려고 했고, 그 답을 찾으려는 과정에서 모든 불자가 자비행을 실천해야 한다는 당위성도 함께 보았다. 불자라면 깨어 있는 모든 순간순간 그의 행위의 기준이 깨달음과 열반 산출의 원리에 타당할 수 있도록 행위해야 할 것이다. 그래서 나는 깨달음과 열반 산출의 원리가 받아들여지는 불자들의 세계에서는 깨달은 이들을 포함한 모든 불자들이 끊임없이 자비행을 실천해 나가야 한다고 믿는다.

소승은 존재하지 않는다

깨달음과 열반 산출 원리가 보편적으로 적용됨을 받아들이지 않는 불교학파가 있을까를 검토하면서 이번 강의의 논의를 마무리하고자 한다. 나는 모든 불교학파가 '깨달음과 열반 산출의 원리가 모든 유정물에 차별 없이 적용됨'에 기꺼이 동의한다고 믿는다. 어떤 이의 고통도 그의 깨달음에 역逆산출적이다. 그래서 필자는 모든 유정물이 그들의 고뇌를 제거할 자격이 있다는 점에 이의를 제기할 불교학파가 있다고 상상할 수 없다. 어떤 불교학파라도 유정물의 깨달음을 저해하는 고뇌를 제거할 자비행을 지지하고 실행하라고 할 것이다. 그래서 우리가 여기서 도출해야 할 논리적 결론은, 모든 불교학파는 자비행을 지원하며 다른 유정물의 고뇌에 무관심한 이기적인 불교학파는 없다는 것이다. 그래서 나는 불교에는 소승이 존재하지 않으며, 존재한 적도 없다고 믿는다. 깨달음은 자비를 불러오기 때문이다.

깨달음이 불자들을 자비의 길로 자연스럽게 이끈다는 견해가 함축하는 의미심장한 논리적 결론이 있다. 만약 자비를 실천에 옮기지 않는 불자들이 있다면 그들은 깨달은 자들이 아니다, 비록 그들이 깨달았다고 주장하더라도. 실은 깨달았기는커녕 제대로 된 불자조차 아니다.

제16장 /

정토淨土에 살어리랏다

통도사에서 학인스님들께 10주 동안 불교철학을 강의할 기회
가 주어진 것만으로도 분에 넘쳤는데, 내게는 그만큼이나 과
분한 강연의 기회가 한 번 더 주어졌다. 통도사 경내에서 석가
모니부처님의 진신 사리를 모신 금강계단으로부터 불과 100
미터도 떨어지지 않은 곳에 있는 설법전說法殿에서 어느 일요
일 오전 재가자들을 위한 법회를 맡아 강연하게 되었다.

　일반 대중을 상대로 법당에서 진행하는 강연이기 때문에 강
의실에서 학인스님들에게 가르칠 불교철학과는 달리 준비해
야 한다고 생각했다. 그래서 기회가 있을 때마다 이분저분께
조언을 구했다. 일요법회 소임을 맡고 있는 스님은 '가족 중심
으로 모이기 때문에 부담 없는 주제로, 생활법문으로 진행하
면 된다'고 하였지만, 30년 동안 외국에서 살아 온 나는 한국
사찰에서의 생활법문이 어떤 것인지에 대해 감이 없었다. 게
다가 철학자에게 가장 어려운 일이 '부담 없는 논의'다. 깊이를
뚫어야 속이 시원하고 완벽을 기해야 밤잠을 제대로 잘 수 있

는 사람들이 철학을 하기 때문이다.

그러던 중에 공부에 전념하고 계신 한 학인스님과 차담을 나눌 반가운 인연이 생겼다. 우연한 기회로 승가대학 차량으로 나를 기차역에서 통도사까지 여러 번 운전해 준 스님이었는데, 운전 도중 나눈 대화에서 말씀하시는 품이 달라 내가 스님에게 함께 차를 나눌 기회를 여쭈었다. 그래서 찾은 통도사 경내 찻집에서 나는 스님에게 좀 직설적인 질문 하나를 드렸다.

"스님께서는 사회에서 이루신 모든 것을 다 내려놓으시고 출가하셨고, 또 지금까지 여러 해 동안 진지하게 수행해 오셨습니다. 그런데 수행으로 성취하고자 하시는 바를 이루시면 그것을 대중에게는 어떤 방식으로 전하시려 하십니까?"

스님은 단 한 순간의 망설임도 없이 답했다.

"저는 수행자로서 제가 이룬 것을 제 말 한마디, 손짓 하나, 음성, 표정, 차를 마시는 행위, 발걸음 하나하나 등 모든 행위로써 대중에게 전달하려 합니다."

삶 전체를 던져 불도에 전념하는 스님다운 말이었다. 스님의 존재 자체를, 그 존재 전체를 대중 교화와 전법을 위해 가장 적절한 형태로 유지하시는 삶을 사시겠다는 말씀이셨다. 내가 나중에 설법전에서 강연할 때도 말했지만, 요즘 불자의 수가 줄고 또 출가자가 감소해서 염려되는 상황이라고는 하지만 아직도 이런 젊은 스님들이 있는 한 한국불교계의 미래는 밝다. 몇 주 뒤 스님과 또 차담하며 들은 말 가운데 '선禪의 향기'라는 표현이 있었는데, 나는 평소 이렇게 말하며 수행하는 스님으로부터 은은한 선의 향기를 느낄 수 있었다.

나는 이 학인스님에게 내가 써 놓은 글 둘을 보여주며 그중 어느 주제가 설법전에서의 강연에 더 적절하겠냐고 물어 보았다. 스님은 며칠 동안 그 두 에세이를 여러 번 읽어 보면서 최종적으로 「정토에 살어리랏다」를 추천하였다. 이론철학전공자인 나는 자연스럽게 이전에 학인스님들에게 강의했던 「모이고 흩어지는 인연으로」를 마음에 더 두고 있었는데, 이번에는 스님의 추천에 따라 우리의 실천에 관련된 주제를 선택하기로 했다. 실은 일거수일투족에서 선의 향기가 나게 사는 스님들의 모습과 내가 「정토에 살어리랏다」에서 제안하는 우리 삶의 모습이 어떤 면에서는 상통하기 때문에도 그랬다.

강연 당일 아침 설법전을 향해 걸어가고 있는데, 강연 포스터에 나온 내 사진을 보아서 그랬는지 나를 알아보고 인사하는 사람들이 있었다. 나는 '청중들이 이렇게 기대하고 계신데

성심을 다해 강연해야겠다'고 다짐하며 교무국장 스님을 따라 설법전에 들어갔다. 그런데 나는 통도사에서 대부분의 스님들이 정말 정확한 시계를 차고 있고 또 어떤 경우에는 시계를 둘씩 찬 스님도 있다는 점에 놀랐다. 스마트폰을 산 뒤로는 시계를 차지 않고 살아 온 나로서는 좀 의아했다. 나는 스님들이 '강연이 11시에 시작되니까 10시 53분에 이 방을 나가면 됩니다.'라거나 '새벽 공양을 위해 저는 5시 17분에 제 방에서 나갑니다.'라는 식으로 시간을 분 단위로, 어떤 경우에는 초 단위로 재며 지내시는 모습들을 보았다. 모든 행사가 주어진 의례의 순서대로, 즉 입장과 착석 그리고 염불을 시작하는 시각 등이 모두 정확히 맞춰져야 순조롭게 진행되기 때문에 그랬다. 그래서 또 나는 스님들께 농을 해야 했다.

"스님들께서는 이렇게 초 단위로 빡세게 사시는 것이 좋아서 출가하셨습니까?"

스님들과 나는 물론 함께 웃었다.

강연자가 들어갈 시간이 되어 교무국장 스님을 따라 설법전에 들어가니 벌써 몇몇 스님들에 의해 의식이 진행되고 있었다. 강연을 들으려는 대중이 먼저 들어와 기다리며 의식에 참가하고 있었고, 나는 시간에 맞춰 들어가 삼배하고는 11시에

강연을 시작했다. 이 모두가 모양새를 갖추어 참 질서 있게 진행되었다. 나는 미국 본토에서 가장 추운 미네소타에서 25년 가까이 살다보니 한국의 여름 날씨에 적응을 잘 못해 모처럼 예의를 차린답시고 입고 간 양복 윗도리도 벗어놓고 선풍기도 크게 틀어놓은 채 강연했다. 그런데 150여 분에 이르는 청중은 한 분도 빠짐없이 좌복 위에 단정히 정좌하시고는 내게 과분할 정도로 진지하게 주의를 집중해 주셨다. 나는 다음과 같이 강연했다.

♧♧♧

스님이 아닌 재가자의 강연에 관심을 가지고 참석해 주셔서 감사합니다. 평생 난해하다는 철학만 가르쳐 와서 그런지 몰라도 일상의 주제로 생활법문을 하기는 저로서는 많이 어색합니다. 그래서 대신 제 전공인 형이상학에서 흥미진진한(?) 논의를 좀 쉽게 풀어가며 '정토세계 만들기' 이야기를 한 번 해 보겠습니다. 그런데 철학에서도 가장 난해하다는 형이상학의 주제를 다뤄 보려면 미리 '머리체조'를 좀 해야 합니다. 그러지 않으면 머리에 쥐가 날 수도 있으니까요. (웃음)

먼저 퀴즈를 하나 드리겠습니다. 서양종교에서 말하는 신이 어젯밤 팬스레 장난기가 돌아 손가락을 튕겨 만물을 다섯 배 크게 만들어 버렸다고 가정해 보겠습니다. 여러분이 아침에 일어나셨을 때 존재하는 것들 모두가 다섯 배 커졌다는 것을 확인할 수 있겠습니까? 두 분을 제외하고는 150여 명에 가까운 참석자 모두가 '확인할 방법이 없다.'고 답하셨습니다. 물건의 크기를 잴 척도 또한 다섯 배 커졌기 때문이지요. 그런데 이 장난꾸러기 신은 지금도 끊임없이 만물을 두 배 작게, 그리고는 열 배 크게, 그리고 또 다섯 배 작게 만들고 있을지도 모릅니다. 그래도 우리는 이 사실을 확인할 길이 없습니다. 이것은 형이상학적으로 가능한 시나리오입니다. 아, 아까 그 두 분은 석가모니부처님의 진신사리가 모셔진 곳에서 100미터도 안 되는 곳에서 잘못된 답을 주셨으니 죄송하지만 지옥에 떨어지게 되셨습니다. (웃음) 그래도 지장보살이 계시니 너무 걱정하지 않으셔도 됩니다. 그냥 머리체조 한 번 하셨다고 여기시면 됩니다.

신이 이 세계를 창조하는 방법은 여러 가지가 있겠습니다. 먼저 사물을 모두 창조하고 그대로 내버려 둘 수 있습니다. 그러나 그러면 사물들은 아무 힘이 없어 계속 존재하지 못하고 사라져 버리게 될 겁니다. 그래서 창조한 사물에 스스로 계속적으로 존재하는 힘을 불어넣어 주어야 합니다. 서양신학은 그 힘을 'concurrence'라고 불렀습니다. 그러면 사물은 지속적으로 존재합니다. 한편 신은 전 우주를 창조한 후에도 concurrence를 넣어주지 않아 창조 직후 그 우주가 사라지도록 내버려 둘 수도 있습니다. 그 대신 그렇게 사라진 순간 새로운 우주를 하나 더 창조합니다. 그러나 그 우주도 곧 사라질 것이고, 그러면 신은 그 순간 또 우주를 새로 창조합니다. 신은 이렇게 마치 우리가 영화를 볼 때 1초에 24장의 필름이 돌아서 영화 속에서 사물들이 지속적으로 존재하는 것처럼 보이게 되는 방식으로 계속적인 창조의 과정을 진행시킬 수 있습니다. 이러한 세계에서는 사물이 끊임없이 생멸하고 있어서 이 시나리오는 불교의 무상無常의 우주관과 가깝습니다. 이 또한 분명 형이상학적으로 가능한 시나리오입니다.

제가 이렇게 철학적 머리체조를 소개한 이유는 우리 불자들이 불국토佛國土 또는 정토세계를 창조하려 한다면 어떻게 하면 좋을까를 한 번 함께 고민해 보자고 제안하기 위해서였습니다. 예, 철학자들은 이렇게 거창한 목표를 가지고 논의합니다. 이제 철학적으로 더 깊은 논의를 하실 준비가 되셨으니 불자들이 선호해야 할 세계는 어떤 세계인가를 같이 생각해 보기로 하지요.

불교의 이상은 깨달음과 열반입니다. 숨 쉬는 모든 순간을 깨달음과 열반을 향해 나아가는 데서 그 존재 이유를 찾는 이들이 우리 불자들입니다. 대승 전통의 불자라면 스스로뿐만 아니라 다른 모든 이의 깨달음을 위해 매순간 혼신의 힘을 불태우는, 정진하는 삶을 살아야 한다는 데 누구나 동의합니다.

불자라면 불도의 완성을 서원하지 않는 삶에 의미를 두기 어렵습니다. 그리고 그 서원은 근본적으로 모든 이의 성도成道를 위한 것이어야 합니다.

존재세계 전체가 불자들의 깨달음을 돕기 위해 이상적으로 만들어진 곳이 정토세계입니다. 그곳에는 사방을 둘러보고 위아래를 살펴보아도 모든 사물이 열반을 성취하는 데 쉽게 쓰이도록 이루어져 있습니다. 정진하는 불자에게 좋은 세상이 정토이고, 불자가 지향하는 이상향이 정토입니다. 그런데 그런 정토는 어떻게 도달할 수 있을까요? 절실한 심정으로 '아미타불'을 여러 번 부르면 그의 원력으로 정토에 태어난다는 대승의 오랜 믿음을 모르는 불자는 거의 없을 것입니다. 그러나 지금은 젊은 불자가 이런 믿음을 쉽게 받아들이기를 기대하기 어려운 시절이 되었습니다. 그리고 불교를 많이 접하지 못한 분에게 아미타불 신앙을 전하기는 실제로 불가능에 가깝습니다. 이것은 불자들이 서양종교의 절대신이나 선지자의 존재에 의아해 하는 것과 마찬가지일 것입니다.

그렇다고 정토가 오랜 시간 여행해서 도달하는 어느 멀고 먼 신비로운 나라도 아닐 것입니다. 현대를 사는 합리적인 불자라면 정토는 다른 곳이 아니라 우리가 사는 바로 이 세계에서 이루어야 할 불자들의 멋진 세상이라는 점에 대체로 동의합니다. 저는 우리의 이 상식적 견해를 철학적으로 뒷받침할 수 있다고 생각합니다. 서양철학의 예를 비유로 삼아 논의해 보겠습니다.

플라톤은 사물이 존재하고 우리가 그것을 이해할 수 있는 이유는 사물이 천상에 존재하는 형상形相의 복제품이기 때문이라고 합니다. 지금 내 앞의 책상은 천상에 있는 책상의 완벽한 형상이 이것에 불완전하게 예화例化되어 존재하고 있습니다. 책상의 형상은 내 책상의 실재實在를 가능하게 하고, 또 우리가 그것의 본성을 이해할 수 있게 해 주는 가해성(可解性, intelligibility)의 근원입니다. 플라톤은 만물 각각에 그것을 실재하고 이해하게 해주는 근원으로서의 형상이 존재한다고 주장합니다. 그런데 플라톤은 모든 형상 자체의 실재와 가해성을 가능하게 해주는 궁극의 근원으로서의 '선善의 형상'의 존재도 상정합니다. 그는 태양을 비유로 들면서, 태양이 만물을 생성시키는 실재의 근원이고 또 우리가 만물을 볼 수 있게 하는 가해성의 근원이듯이, 선의 형상이 모든 형상과 나아가 우주 만물의 실재와 가해성을 가능하게 한다고 말합니다. 그의 견해는 신新플라톤학파에 의해 계승되었고, 기독교인들이 이 철학을 받아들여 그들의 초기 신학을 완성합니다.

성聖 아우구스티누스는 신이 (플라톤의 태양이나 선의 형상과 같이) 만물을 창조했고 또 끊임없이 계속 산출해 내고 있다고 주장합니다. 이런 산출(production)이 신의 본성이며 그의 의지의 표현입니다. 신은 그의 아들인 예수를 통해 그의 본성과 의지를 드러내기 때문에, 기독교인은 예수의 삶을 본받고 또 예수의 가르침을 따름으로서 신의 의지와 가르침을 따르는 삶을 살 수 있다고 믿습니다. 예수는 '가난한 자를 먹이고 헐벗은 자를 입히라.'고 가르칩니다. 그래서 성 아우구스티누스에 의하면 기독교인은 어려운 이웃과 힘든 사람을 돕는 데 삶의 의미를 두어야 합니다. 그의 『고백록』에 나온 관련 구절은 정교한 철학논증으로 되어 있지는 않아서 그 구절로부터 추론하기는 어렵지만, 나는 그로부터 '사랑의 형이상학'을 엿볼 수 있다고 생각합니다. 신의 본성은 존재의 산출인데, 그의 화신인 예수가 어려운 이를 위해 사랑을 산출하라고 가르쳤으니, 인간은 어려운 이의 행복을 도모하는 사랑의 산출을 통해 신의 섭리대로 살아가게 된다는 것입니다. 그래서 타인을 향한 사랑이 인간의 존재 이유라는 결론조차 가능할 것 같습니다. 우리 이웃종교의 아름다운 가르침입니다.

일부 학자들은 불교에서는 어떤 세계도 누군가에 의해 창조된 것이라고 보아서는 안 된다고 주장하지만, 우리 불자들은 아미타불이 고뇌에 시달린 중생이 조금이라도 더 쉽게 깨닫고 열반에 이를 수 있도록 무한한 자비심으로 그의 정토를 창조했다고도 들어왔습니다. 정토세계 어느 산자락 소나무도, 하늘을 나는 구름 한 점도, 연못에 비친 맑은 달도, 그리고 길가의 풀잎사귀 하나 등 모든 존재자가 그 안의 중생이 성도하여 고뇌를 벗어날 수 있는 방식으로 창조되었습니다. 존재하는 모든 것이 아미타불의 자비심으로부터 산출되었고, 그것 모두는 중생의 깨달음과 열반을 위해 쓰이게 되어 있으니 이런 쓰임 또한 아비타불의 끊임없는 자비행의 현현顯現입니다.

자비심이 정토계의 모든 사물을 창조한 근원이고, 또 그 사물의 운동과 변화를 가능케 하는 원동력입니다. 그리고 무아와 연기를 받아들이는 이 정토세계 안 불자의 일거수일투족은 자연스럽게 그와 다른 모든 이의 깨달음과 열반을 향해 이루어지는 자비행입니다. 그래서 불교의 정토사상은 가장 포괄적인 의미에서의 '자비의 형이상학'입니다. 인간을 비롯한 모든 사물의 존재 이유가 자비이기 때문입니다.

이곳 통도사는 우리나라 영축산에 둘러싸여 있는데, 불자들이 부처님께서 인도의 영축산에서 설하신 『법화경』을 읽을 때마다 경험하는 환희심이 있습니다. 『법화경』 속 부처님은 모든 중생이 부처님과 같은 궁극의 경지에 이르러 부처님과 같은 존재가 될 수 있도록 하시겠다고 말씀하십니다. 그분과 같은 지혜로 그분과 같은 선정에 들고 또 그분과 같이 중생을 제도할 수 있도록 하시겠다는 것입니다. 부처님은 우리 중생을 단지 어리석고 미숙하게만 보신 것이 아니라 모두가 부처님과 같은 경지를 이룰 수 있는 가능성을 가지고 있다며 격려하십니다. 하물며 데바닷타조차도 그렇다고 말씀해 주십니다. 이 세상 다른 어느 종교의 절대자도 이런 가르침을 편 적이 없습니다. 이와 같이 자비로운 부처님을 스승으로 모신 우리 불자들은 정말 복도 많습니다.

가깝거나 먼 미래에 우리 모두가 부처가 되면 각자 아미타부처님처럼 세계 전체를 멋지게 창조할 수 있을 것입니다. 그런데 굳이 그때까지 기다릴 필요 없이, 지금부터라도 우리가 크고 작은 좋은 사회를 만들면서 살아가면 더 신나고 흐뭇하지 않을까요? 완벽을 기한답시고 너무 오래 기다리기만 한다면 그동안 구제받지 못해 계속 고통 받을 중생들에게 미안하지 않겠습니까? 그러면 과연 어떤 사회가 좋은 사회일까요? 그리고 그런 사회 안에서 우리는 어떻게 살아가야 할까요? 나는 모든 이의 깨달음과 열반을 서원하는 불자라면 이 질문에 쉽게 답할 수 있다고 생각합니다. 우리가 각자 속한 가족, 학교, 직장, 나라와 같이 크고 작은 사회를 모두가 깨달아 고뇌를 끊는데 가장 적합한 크고 작은 정토사회로 만들며 살아가면 될 것 같습니다. 그리고 이렇게 크고 작은 정토사회가 그득그득한 곳이 아마도 우리의 정토세계가 될 것입니다. 하루라도 빨리 그런 정토에 살고 싶습니다. 감사합니다.

강의를 마치며

미국 대학에서는 보통 한 학기에 일주일에 세 시간씩 15주 동안 강의를 진행한다. 그래서 한 과목을 45시간 동안 가르친다. 그런데 통도사승가대학에서는 특강까지 합쳐서 모두 24시간에 강의를 마치는 일정이었다. 절반의 시간밖에 가지지 못했다는 아쉬움이 있지만, 그래도 이 책을 결과물로 남기게 되어 다행이다. 통도사를 다시 방문할 기회가 있을 것이고, 그때 또 특강을 하면 된다.

미국에서의 대학원생 시절 나는 논문지도교수께서 평소 하시는 논의의 10%정도만을 글로 남기시는 것을 보았다. 시간 속으로 사라져 잊혀 갈 그분의 나머지 논의를 아깝게 여겼었다. 그런데 이번 내 강의도 원래 논의하려 했던 내 에세이들 가운데 20%만을 교재로 썼고 또 그중 절반만 수정·보완하여 이 책에 수록했다. 결국 나도 평소 하던 논의의 10%만 책으로 남기게 된 셈이다. 좀 해 보니 학문이란 원래 이런 것인가 보다. 말을 아끼는 전통을 가진 불가佛家에서는 반드시 해야 할 말만을 정제해서 하는 학자들을 이해해 주시리라 믿는다. 이 책을 읽어주셔서 감사드린다.

지은이 홍창성

서울대학교 철학과 및 동대학원을 졸업하고, 미국 브라운대학교 대학원 철학과에서 철학박사 학위를 받았다.

현재 미네소타 주립대학교(Minnesota State University Moorhead) 철학교수로 재직 중이며, 형이상학과 심리철학 그리고 불교철학 분야의 논문을 영어 및 한글로 발표해 오고 있다.

저서로는 『연기와 공 그리고 무상과 무아』와 『미네소타주립대학 불교철학 강의』가 있고, 유선경 교수와 공저한 『생명과학과 불교는 어떻게 만나는가』와 영어로 공동번역한 『Enlightenment and History: Theory and Praxis in Contemporary Buddhism』이 있다.

통도사승가대학의 불교철학 강의

초판 1쇄 인쇄 2022년 12월 15일 | **초판 1쇄 발행** 2022년 12월 22일
지은이 홍창성 | **펴낸이** 김시열
펴낸곳 도서출판 운주사

(02832) 서울시 성북구 동소문로 67-1 성심빌딩 3층
전화 (02) 926-8361 | **팩스** 0505-115-8361
ISBN 978-89-5746-721-3 03220 값 15,000원
http://cafe.daum.net/unjubooks 〈다음카페: 도서출판 운주사〉